跨越能源鸿沟

后石油时代如何应对能源危机

CROSSING THE ENERGY DIVIDE

[美] 罗伯特·U·艾尔斯 爱德华·H·艾尔斯 著

唐奇 译

中国人民大学出版社

·北京·

献给我们的妻子莱斯莉和莎伦

赞 誉

在全球能源安全和温室气体减排主宰了公共舆论和政策制定的今天，鲍勃和艾德·艾尔斯的这本书在深入研究的基础上提供了广泛的知识。公众读者和政策制定者都会发现，本书是定义全球能源未来的优秀参考。

——R. K. 帕绍里，印度能源与资源研究所总干事、政府间气候变化专门委员会主席

大多数美国能源政策观察者都将能源效率当做管理能源消耗增长的有用工具。他们也把它当做一种帮助我们向"后碳"（post-carbon）世界转型的方法。诚然，有证据支持这两种观点。但是正如鲍勃和艾德·艾尔斯在这本重要的新作中令人信服地指出，关于能源能做的还有许多、许多。实际上，他们的分析提醒人们特别关注能源生产率对于维持一个稳健的经济的关键作用。简言之，能源效率（更确切地说是可用能效率）应该被看做一种关键的经济资源——如果我们认真看待自己对未来的责任，就需要更明智的对话和行动、更高水平的创新和更迅速的投资。

——约翰·A·"斯基普"·莱特纳，美国能源效率经济委员会经济与社会分析主管

解开了经济史上的一些不解之谜。能源效率将成为未来财富的万能钥匙！

——恩斯特·冯·魏茨泽克，加州大学圣芭芭拉分校布伦环境科学与管理学院院长

本书清晰严谨地论证了提升能源效率是当今经济增长的主要驱动力和应对气候变化的关键。

——坎德·尤姆凯拉，联合国工业发展组织总干事

对于我们这些在能源部门工作的人来说，《跨越能源鸿沟》一书恰好在最需要的时候出现了。罗伯特和爱德华·艾尔斯出色地解释了每一件产品和服务都包含能源要素，而这个要素的成本将决定我们未来的生活质量。现在，能源要素在经济模型中与资本和劳动同样重要。除了解释将能源纳入恰当位置的新经济模型的重要性之外，作者进一步探讨了可再生能源的可行性、传统化石燃料未来的衰落、生物能源经济学和联产优势等问题。他们为通往一个切实可行的能源未来精心规划了路线图。

——约翰·K·库尔，PowerPlus 工程公司总裁

本书粉碎了减排温室气体会同时减少收入的传统观点。这种反传统观点的前提非常简单：（1）经济增长的真正驱动力来自获取的能源服务；（2）我们只把一次能源潜在效能的 13% 转化成了有效的能源服务；（3）现有的成熟技术能够使这个效率翻倍，同时节约成本，从而搭建起通往非化石能源的未来的桥梁。详尽地讨论解释了每一个前提，以及如何通过政策提高未来的能源效率。任何人只要对在保护环境的同时不破坏经济增长感兴趣，都会为本书的真知灼见所折服。作者说明了提高化石燃料的利用效率如何在缓解气候变化的同时维持和增加社会收入。他们的研究将争论由缓解气候变化有哪些成本转向寻求一种政策变化，激励对高效率能源服务的创造和使用的投资。

——托马斯·R·卡斯滕，循环能源发展公司董事长

致　谢

我们从现任和前任同事那里学到了许多东西，他们的名单一页纸根本列不完。激发本书灵感的人有：Kenneth Boulding，Lester Brown，Colin Cambell，Al Gore，Allen Kneese，Jean LaHerriere，Amory Lovins，Robert Repetto，美国未来资源研究所的老朋友们，Vaclav Smil，James Gustave Speth，以及 Ernst von Weizsaecker。以各种形式直接提供建议、批评或信息的人有（按姓氏字母顺序）：Kenneth Arrow，Leslie Ayres，Christian Azar，Thomas Casten，Paul David，Nina Eisenmenger，Arnulf Gruebler，Jean-Charles Hourcade，Marina Fischer-Kowalski，Astrid Kander，Paul Kleindorfer，Arkady Kryazhimsky，Reiner Kuemmel，Jie Li，Skip Luken，Katalin Martinas，Shunsuke Mori，Neboysa Nakicenovich，Tom Prugh，Donald Rogich，Adam Rose，Warren Sanderson，Jerry Silverberg，Thomas Sterner，David Strahan，Jeroen van den Bergh，Benjamin Warr，以及 Chihiro Watanabe。我们还要感谢欧洲议会、欧洲工商管理学院、国际应用系统分析研究所、联合国大学和世界观察研究所在过去十年中对我们的工作给予的大力支持。最后，我们要感谢我们的出版商 Tim Moore 和编辑 Jeanne Glasser，他们毫不犹豫地向主流经济范式发起了大胆的挑战。一切错误都是我们的责任。

引　言

本书提出了两个挑战现有范式的观点。

首先，物理能源对于经济生产率和经济增长的作用，比大多数经济学家所建议的，以及企业和政府所认识到的更加重要，特别是在这样一个期待经济复苏和向未来清洁能源经济转型的时期，对每一个人都意义重大。能源服务不仅是经济的一个重要组成部分，它还是经济的主要**驱动力**。如果是这样，经济复苏和能源转型所需要的时间将比奥巴马政府预计的要长——除非能够针对降低能源服务价格的特定技术和行业进行投资。乱枪打鸟式的投资是不会奏效的。

其次，工业化社会的能源经济对化石燃料的依赖根深蒂固，即使风能、太阳能和其他可再生能源以最快的速度增长，至少在未来几十年里也不可能完全替代石油、煤炭和天然气。本质上，美国全部的关键基础设施都依赖化石燃料，包括道路和高速公路、发电厂、输电线路、航空、运输、钢铁、化工、建筑、住宅供暖和制冷。即使电动汽车和太阳能电池板的增长速度像互联网一样快，在未来 20 年里它们的贡献与我们将要消耗的能源相比也只是九牛一毛。

替代能源已经开始崭露头角，但是距离"绿色能源革命"所倡导的水平还有很长的路要走。到 2007 年，气候学家对减排二氧化碳提出越来越紧迫的警告已经有 20 年之久，而且最近十多年来，朝着一个更加绿色环保的未来努力似乎也有了加速的行动，这时候可再生能源（除了水电，因其已经不可能再增长）在美国电力总量中所占的百分比如下：

生物燃料　　　1.4

风能　　　　　0.5

地热能　　　　0.4

太阳能（光伏）　0.1

最近这些行业得到了飞速发展。但是，即使有一项可以媲美二战总动员或者将人类送上月球的阿波罗计划的紧急行动，这些新能源产业也要花上几十年才能达到所需要的规模。

在那之前会发生什么事？答案很残酷：美国不可能简单地将大部分能源和对气候变化的关注转向我们现在憧憬的长期可持续的未来，现存的能源经济将在那个未来成为现实之前崩溃，就像一个需要进行心脏移植的患者如果不能及时得到新的心脏就一定会死去一样。

这种观点与艾尔·戈尔等人广泛公开宣传的美国能够在十年之内利用可再生能源实现完全的能源独立的观点有很大分歧。虽然我们认同戈尔关于竭尽人类所能尽快替代化石燃料的紧迫感，但理性的科学和经济学研究表明，美国需要半个世纪的时间才能完全实现这一目标。

不过，这个难题有一个合乎逻辑的解决方案，而且实现这一解决方案的方法仍然在我们的掌握之中，这对美国和全世界来说都是莫大的幸运。这种解决方案与我们最激进的领导人积极鼓吹的可再生能源的理想化诉求完全不同，但是对于实现他们预想的未来却至关重要。

这种解决方案就是**对现有的以化石燃料为基础的系统进行彻底的变革**，从而使我们从每一桶石油（或者从煤炭和天然气中获得的油当量）中获得的能源服务翻倍，直到无碳的可再生能源能够真正取代化石燃料。也不是在效仿约翰·F·肯尼迪誓将人类送上月球的豪情壮志，也不是那种只有通过技术研发的大规模动员才能实现的史诗性目标，更不是作家托马斯·弗里德曼所呼吁的"由 10 000 家公司、10 000 个车库和 10 000 间实验室里的 10 000 个发明家共同驱动的转型突破"的自由市场经济意识形态下最美妙的白日梦，即使在最理想的情况下也需要一代人的努力才有可能成为现实。要安全地跨越我们现在面临的经济鸿沟，我们需要一种能够更快奏效的解决方案。巧合的是，令美国的能源服务（燃烧的每一单位化石燃料的有用功）迅速翻倍的方法已经存在。一些方法隐藏在公众的视线之外，没有被主流媒体谈到，但已经被成百上千的公司和机构成功地运用。还有更多的组织可以加入这个行列。

奥巴马大选期间，我们欣喜地看到许多立场鲜明的人物高调汇聚，为多年来感到失望的人们带来了新的希望和可能。艾尔·戈尔带着尖锐的气候变化纪录片《难以忽视的真相》凤凰涅槃，汤姆·弗里德曼为了更加强有力的"绿色革命"大声疾呼。还有一个值得注意的事实，即 2008 年的两位总统候选人都认识到了全球变暖的威胁以及投资于替代能源的需要——这一切催生了跨向未来的清洁能源经济的渴望。在过去近 20 年里，美国的进步人士处处碰壁：1995 年参议院以 95 票对 0 票拒绝签署《京都议定书》；第二届布什政府拒绝承认全球变暖的真实性（后来又拒绝承认全球变暖是人类活动造成的）；副总统迪克·切尼对能源效率不屑一顾，说它只是看上去很美，对国家"真正的"能源需求没有任何用处；而伊拉克战争被普遍怀疑本质上是一场石油战争。一个反对那场战争、坚决主张投资风能和太阳能的候选人当选，那些半生抑郁不得志的美国人终于可以庆祝了。

随着 2009 年经济形势的持续恶化，这波乐观主义的浪潮很快就退去了。不过人们仍然相信大量投资于可再生能源能有助于刺激经济复苏是毋庸置疑的。新政府和国会急于制止经济失血，根本没有考虑过需要一种不同的气候和能源管理的可能性，这种管理不仅是为了在当今世界与未来清洁能源经济之间的鸿沟上架设

起桥梁，还关系到恢复足够的经济增长水平，以保证美国能够到
达鸿沟的另一边。由于技术和基础设施的局限性，美国还没有准
备好追随风能、太阳能和生物燃料的潮流。有些关键问题必须首
先解决。

对于那些似乎看到了通往可再生能源未来光明大道而感到宽慰
和安心的人们，这里有一个从醒悟开始、以爆发结束的例子，显示
了安全通过这条道路的基本要素。几年前，在印第安纳州铁锈地带*
一家大型工厂的大门后，全世界最大的钢铁公司米塔尔钢铁公司
（现在的阿塞洛-米塔尔公司）在运营一处设施，从它自己的化石燃
料燃烧过程中捕捉废热，再将这些废热转化为零排放的电力。沿路
再走几英里，它的竞争对手美国钢铁公司采取类似的战略，利用高
炉煤气生产零排放电力。2005 年，铁锈地带的这两个竞争对手总共
从它们的废弃物中生产了 190 兆瓦的无碳能源——**比当年整个美国
的太阳能光伏发电量还要大**。这还只是一个州的一个角落里，两家
燃烧化石燃料的工厂产生的废热。

自那以后光伏发电量持续快速增长。2009 年 1 月，加州的桑普
拉能源公司开始在内华达州运行装机容量 10 兆瓦的太阳能发电厂，
以极具竞争力的价格生产电力。加州另外一家公司 BSE 能源公司
2009 年宣布，将在莫哈韦沙漠建设 100 兆瓦的太阳能热电厂，建筑
工程预计在 2013 年完工。太阳能将继续急剧增长，风能和其他无碳
能源也一样。但是可再生能源的基数非常小（2007 年，太阳能和风
能加起来还不到美国总发电量的 1‰），因此，即使以几何级数增长，
它们也需要 20 年以上的时间才能取代大部分化石能源，而正是这数
以百万计的燃烧煤炭、石油和天然气的蒸汽锅炉、工厂和发动机为
我们的文明和经济提供着动力。与此同时，通过已经证明有效的方
法在短期内增加清洁能源供应还有很大潜力，比如米塔尔公司和美

---

    * 指从前工业繁盛今已衰落的一些地区，如美国五大湖地区。——译者注

国钢铁公司开发的技术。美国大约有 1 000 家工厂正在采取这种废弃能量循环利用技术，但是还有十倍以上的工厂尚未开始。这可能使环保人士感到失望和迷惑，因为为了减少碳排放和化石燃料而使用的最快速、最经济的办法不是关闭那些肮脏的工厂，而是向它们最容易忽视的角落发起进攻，净化它们，直到更理想的选择达到一定的规模。

我们说"净化它们"，并不特指所谓的"清洁煤"技术或者精心设计的碳捕获方案，或者将二氧化碳泵入地底和海洋进行封存。这类未来的净化技术价格高得离谱，成熟程度甚至还不如利用太阳能的技术。即使碳捕获和封存技术最终实现了经济性，设施建设也需要很多年——在国家经济已经进入"生存模式"的时期，这不是一个现实的选择。我们在本书中描述的战略并不依赖于那些有待开发的、人们认为有效的技术。相反，这是一种**能源管理**战略，要求对意识形态的盲点、结构性障碍、坏习惯和过时的法律重新进行全面的评估，正是这些现实使得美国能源经济的整体效率在13％的低水平上徘徊，不需要任何新技术或新的化石燃料供给就能使其翻倍。（日本实现了20％的效率，我们有办法超越这个水平。）结果将使美国从燃烧的每一单位能源中获得的能源服务加倍。大幅度削减化石燃料供给的需要能够加速实现理想中的能源独立，并且极大地增强能源安全，这与能源独立并不总是一回事。通过用更少的能源做更多的事情，这种战略还能显著减少二氧化碳排放。

要实现这个目标，我们需要跨越的经济鸿沟有两个主要的维度。首先是纯粹的宽度——风能、太阳能和其他可再生清洁能源代替大部分我们现在依赖的化石燃料需要多少年？其次是深度——要恢复经济增长，必须克服的经济衰退究竟有多深？有没有一种战略能够缩短向可再生能源过渡的时间**并且**刺激经济增长？我们建议的能源过渡战略能够帮助实现这两个目标：在架设起桥梁的同时缩小差距。

正如米塔尔公司能源循环利用的案例所示，对现有的化石燃料供给进行更加明智的管理，能够比使用可再生能源更快地提高能源部门的生产率。这是如何实现的？增加每一单位一次能源输入的**能源服务**将会成比例地降低该服务的成本。我们将在本书中说明，这种成本的降低会驱动经济增长。

主流经济理论认为，经济增长是由资本和劳动的投入加上一个非常巨大的、无法量化的"技术进步"要素所驱动的，后者始终是"外生的"（在预测计算之外），因为经济学家们不能完全定义或解释它。结果，众所周知标准模型对经济增长的预测能力非常有限。但是最新的研究显示，增长最大的驱动力根本没有这么神秘。研究表明，经济增长的真正动力在于几十年来能源服务使用的增加（得益于成本的下降）。有物理学背景的经济学家把"能源服务"称为"有用功"。证据就是，将以有用功表示的能源要素纳入经济模型，能够显著地增强模型的长期解释力和预测能力，我们在本书中对此进行概述，并在我们的网站上提供详细说明。

这一发现最令人兴奋的含义不是标准模型需要修正（它们的确需要），而是一种更加实际的前景，即在未来若干年里，削减能源服务成本的战略（通过提高每单位燃料的产出和利润）同样能够帮助驱动经济增长和复苏。我们的研究显示，可以通过八种经过证实的技术（尽管有些案例并不为人们所熟知）来搭建起实现这些目标的桥梁，前面提到的废热循环利用技术只是其中之一。

接下来还有两层可能改变世界的重要含义。首先，人们毫不怀疑2008—2009年间支付的数万亿美元的紧急援助资金能够被偿还，假设经济将很快恢复往日的强劲增长，因为新资本和消费力的注入会驱动经济，但是这种假设可能是错误的。其次，如果驱动经济增长需要低成本的能源服务，那么经济前景可能比大多数专家设想的更加黯淡。① 随着全球石油产量达到顶峰并开始下降，中国和其他快速发展国家的能源需求持续增加，同时气候变化对化石燃料的约束持续收紧，化石能源的价格将达到前所未有的高点。结果，经济增长将停滞，甚至陷入负增长——**除非**我们找到使能源服务更便宜的方法。如果未来美国的能源管理能使现有供给的生产率加倍，从每桶石油中获得双倍的能源服务或有用功（热能、光、推进力等），该服务的成本将下降，增长将得以持续。

为了更具体地解释这一切如何在要求的过渡期之内实现，我们将更进一步论述。除了挑战现行的主流经济增长理论——这对能源经济的复苏至关重要，我们的分析还显示，虽然气候不稳定加剧了旷日持久的经济斗争，但是阴云背后闪现着曙光。意识形态上的左派和右派专家对于气候变化成本的预期大相径庭，但他们大多数人都同意这个成本将十分巨大并削弱经济增长。不过，我们认为，过渡战略的相当大部分可以以**负**成本实现，同时减少能源成本、燃料使用和温室气体排放。将政府支持从现在那些不具有生产性的项目转向确实具有生产性的项目，将带来国家投资净成本的降低，从而实现过渡战略的其他部分。

正是在这一点上，采用已经证明有效的要素构建通往未来的桥梁显得加倍重要：这能避免巨额资本成本（如建设新的核电站、燃煤中心发电厂或石油钻井平台的成本），美国负担不起这样的成本，也没有时间可以等待；这能通过迅速提高每桶油或油当量的经济产出来降低能源成本，驱动经济增长。我们注意到2008年，石油大亨T·布恩·皮肯斯在争取提高天然气补贴的高调战役中广泛宣传了搭建能源过渡桥梁的需要，实际上为国家做出了贡献，但是他所要求的方案（投入更多资金寻找天然气）并不能提供这样一座桥梁。

---

① 　即使短期能源价格如2008年底一样下降，认为长期威胁得到了缓解也是错误的。每加仑天然气或每桶石油的价格反映的是当前库存，而非全球储备，后者将不可改变地持续缩减。

本书说明了建造这座过渡桥梁需要什么。这不需要什么天才发明的新技术，不过当然，在桥梁另一端的安全地带有必要继续开发这些技术。未来几年里，最重要的是让那些已经对未来有清醒认识的人们看到我们脚下正在变得越来越不稳定的经济基础和面前的经济鸿沟，并且清楚地看到为了到达彼岸的安全地带，我们需要建造的桥梁的轮廓。

目　录

第1章 美国人的觉醒

能源——这种神奇的物质让飞机飞上天，让拉斯维加斯像巨型圣诞树一样流光溢彩，让篮球比赛或者任何你选择的娱乐节目随时出现在起居室的电视屏幕上——一直充足而廉价，至少对美国人是这样。如果没有廉价的能源，我们的喷气式飞机、电灯、电视机和个人电脑都将成为没用的摆设。在有先见之明的科幻作家想象中的世界末日，失去的不是技术，而是供其使用的能源。

在美国人于宾夕法尼亚找到石油、后来又于得克萨斯和加利福尼亚找到石油之前，远在我们依赖从中东进口石油之前，我们拥有充足的木材和煤炭供应。木材仍然是全世界三分之一人口炊事燃料的主要来源。但是随着土地开垦和火灾摧毁了大面积的森林，没有其他主要能源来源的人们陷入了绝望。任何国家一旦失去能源，就面临着社会和经济崩溃的风险。即便是全世界资本投资和劳动力技能最丰富的国家，如果价格可以承受的能源消失了，其生活方式和自由独立就可能迅速瓦解。

与北非、埃塞俄比亚、库尔德斯坦和黎巴嫩不同，美国从来没有完全失去自己广袤的森林，由殖民时代向石油、天然气和核能的现代社会的过渡也相对平稳。除了无边无际的森林，美国还幸运地拥有充足的煤炭来驱动蒸汽机车、充足的石油来驱动汽车引擎，还有大量的河流和瀑布来发电。对美国人来说，能源是从树上长出来的——就是字面意义上的。所以，从一开始，美国人就理所当然地认为驱动技术所需要的能源要么是免费的，要么很**便宜**。这一假设被认为是毋庸置疑的，所以当美国原子能委员会主席刘易斯·斯特劳斯在 1954 年做出著名的承诺："我们的子孙将享受廉价的电力，便宜得甚至都不值得度量"时，几乎没有人怀疑他的话。

这种根深蒂固的假设带来的结果是，我们习惯从我们发明的技术，而不是我们生产的供其运行的能源的角度出发，来监控我们的经济发展。"美国创造"流淌在我们的血液中。托马斯·爱迪生、亨利·福特、莱特兄弟和比尔·盖茨是我们的标志。经济学家把"技术进步"作为经济增长的一个主要因素，尽管**他们从来不能解释它**，只能称之为一个未能解释的"**残差**"。

这里有一个美国经济政策史上的不解之谜，这个谜团还会继续困扰我们。更准确地说，对公众来说这是一个谜团，对那些半个世纪以来担任美国政府和企业高级经济顾问的理论家来说，这是一个难题。在经济学教授试图把经济学变成一门真正的预测科学的不懈努力中，他们必须与之斗争的艰难事实是：只要他们不能确切地解释"技术进步"的真正含义和实现方式，他们就必须承认他们的预测能力离现实还存在着巨大的差距——大到在对全球石油产量减少和气候变化加剧带来的破坏及应对方式做出评估时，可能发生严重的计算错误。

实际上，人们在 20 世纪 50 年代初就发现了这种差距，当时经济学家第一次对过去一个世纪，即南北战争以来的经济增长的历史数据进行定量重构。重构的一个重要目标是检验经济增长标准理论的有效性。根据当时的新古典主义理论（其改良形式仍然是今天的主流经济理论），有两种驱动经济增长的生产要素：投入的资本存量和劳动力供给。关于如何衡量资本存量和劳动力供给产生了无休止的争论，但这两种要素仍然被认为是经济增长的驱动力。

结果令人震惊。根据重构，累计的单位劳动力资本投资只能解释实际发生的经济增长的**七分之一**，余下的七分之六都无法解释。诺贝尔奖得主罗伯特·索洛是当前增长理论的总设计师，他说这缺失的七分之六"衡量的是我们的无知"。其他人称之为"索洛余值"。

在学术讨论中，又称之为全要素生产率（TFP），仿佛经济学家已经
对其做出了明确定义——但他们没有。最常用的描述性术语是"技
术进步"，用来指代那些创新型企业家的行动，他们不断提出新创意
和新发明，持续刺激新的经济活动。由于不能用经济变量来解释，
技术进步被假设为外生的（独立于经济因素之外）。这跟假设过去的
经济增长率会无限期地延续到未来，因而我们的子孙后代无疑会比
我们更富有只有一步之遥。

　　在索洛令人困扰的发现之后的半个世纪里，美国经济持续增长。
所以经济学家不能完全解释经济增长的原因并不是个大问题。但是，
今天我们有理由认为这个问题非常重要，因为这带来了一个我们以
前从未面对过的问题：我们能够想当然地假设在未来的世纪，即使
廉价的石油消失了，美国经济仍然能够保持历史上的增长率吗？我
们能够想当然地认为"我们的子孙后代无疑会比我们更富有"吗？
大多数经济学家至今仍然是这样想的。①

　　这是一个重要的问题，因为果真如此，美国人很快就可以继续
借用未来房地产升值的价值来享受生活。果真如此，我们就可以继
续推迟必要但昂贵的环境修复行动。我们可以把这些事情交给下一
代人去做。一些保守主义经济学家甚至说，现在进行这些投资简直
就是犯罪，因为这就像是"让穷人补贴富人"。但是如果廉价的能源
服务耗尽，下一代人还会富有吗？如果我们不进行储蓄和投资，他
们还会富有吗？我们认为这种主流理论中缺少了一些东西。

　　问题在于，相信这一理论的经济顾问们不知道在能源转型的过
渡期里靠什么来驱动经济增长——这一时期对于21世纪文明的可持
续性至关重要。他们寄希望于靠一种未定义的经济增长的第三要素

---

　　①　在学术界，问题出现在1973—1975年间，当时中东石油危机导致了严重的经济
衰退。如果说过去对经济增长的解释中缺少了某些东西，那么这次衰退是否说明缺失的因
素可能是能源？一些经济学家试图将能源作为增长的第三种要素纳入模型，但是结果并没
有足够的说服力。无论如何，石油价格在20世纪80年代下降，经济增长得以延续。

来帮助我们迅速地重回正轨。由于他们不能更加明确地定义这第三种要素，奥巴马政府采取了一种乱枪打鸟式的方法：将新资本投向桥梁和高速公路、汽车配件、"清洁煤"研究、碳捕获实验、住宅、干细胞研究、太空探索、生物技术、数字电视，以及数以百计其他缺钱的项目，同时实行税收减免。他们紧张地期待着其中总有一样能够物有所值。

2009 年，白宫的预算主管彼得·欧尔萨格在接受美国 PBS 电视台记者朱迪·伍德拉夫的采访时说："我认为我们可以预期经济将在2011 年之前恢复增长。"伍德拉夫质疑，奥巴马总统在经济危机当中推行对富人增税的计划，可能阻碍而不是刺激经济的复苏。例如，这使得企业主更难"扩张他们的公司、雇用人员、创造就业机会"。欧尔萨格回答说："好吧，我想再强调一遍时间。我说的是 2011 年及以后，据推测届时经济将开始复苏。"但是这种推测过去是、现在也是一场赌博，建立在大胆的希望而不是有科学依据的经济理论的基础之上，欧尔萨格提不出任何这样的理论。

究竟是什么驱动经济增长？

1980 年前后，德国维尔茨堡大学的理论物理学教授雷纳·屈梅尔开始思考 1973—1974 年的阿拉伯石油禁运和 1979—1980 年的伊朗人质危机的经济后果。他惊讶地发现，虽然（在他这样的物理学家看来）能源对所有的经济活动都至关重要，但它却没有出现在最初由罗伯特·索洛创立，后来被几乎所有的经济学家采用的主流经济增长理论中。他强烈怀疑能源可以跟资本和劳动一起，作为增长的一个要素得以体现。跟那些怀疑过却放弃了的人不同，屈梅尔努力解决这个问题。在几个年轻同事的帮助下，他建立了一个替代的增长模型，将一次能源作为第三种可以解释的变量纳入其中。屈梅尔没有正式学习过经济学，他忽视了一个其他经济学家通常都会采用，而且至今仍然采用的假设。（后文还会讨论这个问题。）

　　几十年前，索洛通过重构之前半个世纪中的美国经济增长来检验他的双要素模型。同样，屈梅尔和他的同事也对他们的三要素模型进行了检验，他们选择了第二次世界大战结束到 2000 年期间的三个国家——美国、英国和德国。索洛模型未能解释大部分实际发生的经济增长（索洛将之归结为"技术进步"），相反，屈梅尔的模型则近乎完美地还原了真实历史。但是他的模型参数对经济学家来说很难解释，大多数经济学家都持怀疑态度。有人说，只要有足够多的参数，数学函数能够再现**任何**形状，甚至是一头大象。

　　屈梅尔并不孤独，本书作者之一（位于枫丹白露的欧洲商学院 INSEAD 环境与管理学教授罗伯特·艾尔斯）的独立研究与他有异曲同工之处。艾尔斯也是物理学家，在其大部分职业生涯中致力于研究能源与物质流动、技术变革，以及环境视角下的经济输入—输出模型。他和研究助理本杰明·沃尔一道，决定建立一个三要素模型，不是围绕一次能源本身，而是围绕将一次能源（可用能）转化为"有用功"的热力学效率。

　　从美国开始，艾尔斯和沃尔将各个国家的历史数据在有用功输出的基础上进行了重构。他们通过重构整个 20 世纪的经济增长来检验新模型的公式，先分析了美国，然后是日本和英国的数据，接下来是奥地利 1920 年以来的数据。结果令人惊讶：新方法能够近乎 100％地解释这四个国家在 20 世纪的经济增长。又有少数经济学家对结果表示怀疑，这个结果"好得令人难以置信"。屈梅尔模型和艾尔斯-沃尔模型都忽略了一个科班出身的经济学家们的普遍信条：资本和劳动作为经济增长要素的相对重要性（称为**产出弹性**）与其在国民经济核算中的"成本份额"是成比例的。

　　成本份额假设从简化的模型计算中来，几十年来从未受到挑战。但是，与经济模型隐含的抽象而过度简化的假设不同，真实世界的经济活动并不是由单一部门生产单一产品。屈梅尔最近给出了在现实的多部门经济中，产出弹性不一定等于成本份额的数学证明。他的证明对主流经济学家最主要的反对意见做出了回应。读者可以通过若干出版物和我们的网站了解这一证明的详情，以及回应对两个重构结果"好得令人难以置信"的独立模型的反对意见所做的统计分析。[①]

通过将大部分"技术进步"明确地定义为**将能源和原材料转化为有用功的热力学效率的提高**，艾尔斯-沃尔增长模型似乎澄清了长久以来围绕经济增长这一缺失的第三要素的不确定性。如果经济学家能够采取明智的政策加速这一效率的提高，经济增长也会加速。相反，如果这一效率在未来增速放缓，经济增长几乎可以肯定会同样放缓。这个发现的附带结果，以及新增长模型令人耳目一新的结果，提供了一种关于经济生产率和经济增长本质的重要的新视角。这也进一步揭示了在未来几十年里，经济增长（如果能源服务的成本继续不受控制地上升，则是经济缺乏增长）会如何影响我们成功实现能源转型的努力。

一种经济范式竟然如此不完整，以至于不能对经济活力和经济增长的主要驱动力做出解释，根本原因在于在 18 世纪和 19 世纪初，自然资源是归总在"土地"这一类目之下的。地主管理经济（而且地主拥有投票权）。19 世纪后半叶，土地被吸纳进更大的"资本"类目之下。在农业经济中，经济生产率［国内生产总值（GDP）］主要是农民在土地上劳动的产出——劳动力对资本进行加工。在工业革命的机械化经济中，经济生产率由开动机器的工厂工人产生。

那么能源呢？农业经济的能源输入是植物生长所需要的阳光（继而为动物提供食物）。但是阳光的数量是与土地的面积成比例的，因此拥有土地自然也就拥有了土地上的阳光。理论不需要将能源当

---

① 参见 Robert U. Ayres and Benjamin Warr, *The Economic Growth Engine：How Energy and Work Drive Material Prosperity* (Cheltenham, U. K., and Northampton, MA：Edward Elgar Publishing, 2009)。也可参见我们的网站，Reiner Kuermmel, Robert U. Ayres, and Dietmar Lindenberger, *Technological Constraints and Shadow Prices* (Wuezburg, Germany：2008)。

作独立于资本的东西。双要素（劳动和资本）成为 19 世纪经济学家思想和教学的核心，至今仍然如此。

20 世纪 70 年代的第一次能源危机本来可以成为一个警告，提醒我们该理论需要修正，但它没有。一次能源仍然被视为劳动和资本的中间**产品**。人们假定是劳动和资本的结合生产了能源。煤矿工人削平西弗吉尼亚的一座山头来"生产"煤炭。把一座煤矿（或者一口油井、一个风力发电厂）当作新能源的生产者看起来似乎有道理。但事实上不是这样。可用能早已存在——在山间、在海底，或者在风中。这或许就是物理学家开始质疑双要素理论的原因，他们无法轻易忽视热力学第一定律。劳动和资本**提取**了能源，而不是**制造**了它。

提取能源和生产能源之间的差别好像只是说法不同。但是像劳动—资本理论所主张的那样，将能源作为经济活动的**产品**，与将能源作为经济活动的**前提**之间，存在着巨大的差别。首先，如果劳动和资本没有动力，经济活动就不可能发生。劳动者需要吃饭，资本也需要获得输入。如果资本是一个农场，需要的就是阳光；如果是一台机器，需要的就是燃料或电力。没有作为前提的能源，劳动和资本都不可能生产哪怕 1 美元的 GDP。双要素理论将能源作为中间产品，新理论则将能源作为一种独立的第三要素，这种区别非常重要，因为二者**对经济活动和经济增长的计算结果截然不同**。

在 2008—2009 年的经济危机期间，我们见证了无数预示着主流经济范式大厦将倾的例子。不过，这座大厦并不只是将资本视为土地及照射在土地上的阳光的 18 世纪理论的遗产。造就它的还有企业经理和政府官员将物理资源的可获得性视为理所当然的普遍倾向。投资就像买玩具附带电池一样自然。但是对于物理学家来说，经济学的故事需要从能源开始。可以这样理解，在我们的学校教育中，技术进步围绕着天才的发明和我们所经历的令人难以置信的进步，从蒸汽机到电力、马车到汽车、打字机到电脑。最新款的 iPod 当然比一块煤炭有趣，尽管本质上它还需要一块煤炭来提供动力。正如我们在本章开头强调的，如果没有燃料，机器就是没用的摆设。

因此，机器的历史在很大程度上也是驱动它们的燃料的历史。过去两个世纪里，能源和机器几乎一直在变得越来越廉价，直到最近才有所改变，这一事实进一步推动了化石能源（及核能）对人类和动物劳力的替代。[①] 但是在石油峰值过后、碳排放受到限制的未来，能源密集型产业的增长将放慢，包括化工、冶金、运输，以及所有的制造业和建筑业。无论有什么天才的新产品和新发明投入市场，这都会发生——**除非新技术能够让能源服务变得便宜**。如果交付给使用者的能源服务变得**非常**昂贵，经济增长将完全停止，并带来灾难性的社会后果。

经济顾问传统上将劳动和资本作为经济增长的驱动力，他们用来指导经济政策的复杂的数学模型极少关注一次能源究竟是如何使劳动和资本发挥作用的。在早期工业革命中，当蒸汽机开始代替人类和动物劳力，经济理论的发展演变就从来没能充分认识和整合动物新陈代谢和工业代谢的一些基本事实。

● 马、牛和其他动物吃草来获得卡路里。[②] 而且，当它们工作时，就不能再依靠放牧来吃饱；它们需要吃收获的谷物。

● 人类劳动者也不能放牧。他们吃食物来获得卡路里，包括植物和吃植物的动物。

● 机器**"吃"**植物化石（煤炭、石油和天然气，从石炭纪生长的植物中来）来获得卡路里。

---

① 在一个世纪里，以 2006 年美元计价的原油价格从 1869 年的超过 80 美元/桶下降到 20 世纪 70 年代末的不到 20 美元/桶。石油输出国组织（OPEC）1973 年的石油禁运暂时打断了这种下降的趋势，但是这一趋势在 20 世纪 80 和 90 年代又得以延续。不过，"9·11"再次打断了这一趋势，而且包括我们在内的大多数分析家都认为，长期来看石油将不会再次变得廉价。

② 区别于常规热量单位，食物中的卡路里通常以"大卡"计。1 大卡等于 1 000 卡路里，或 1 千卡。

因此，今天的经济顾问轻易地忽视了文明的一个基本事实，而这对世界面临的愈演愈烈的问题至关重要：**所有的经济活动都从物质和能量载体（燃料和电力）开始**。没有物质，就没有食物、住所和技术；没有能量，就没有工作——也就没有经济活动。

为什么这很重要？如果对经济模型加以修正，正确地反映物质和能量在经济预测中的重要性，那么预测的结果将与传统模型现在的结果截然不同。那些失去房屋（无论是被银行没收还是被洪水和飓风摧毁）和金钱（无论是由于失业还是对冲基金的崩盘）的人对理论毫无兴趣。但是如果没有对世界运行方式的深刻的理论理解，我们现在还住在山洞里，抓兔子充饥。未开化的人不可能发明汽车、飞机和电脑，这些发明也不会偶然出现，它们必须以物理学、化学、冶金学和数学的基本原理的发现为基础。如果指导经济政策的理论缺少了关键的部分，真实世界经济增长的发动机迟早会崩溃。我们可能已经走到这一步了。

经济风暴

2007 年房地产市场崩盘时，经济学家们的第一反应是向公众保证无须恐慌，因为"经济基本面很健康"。但这种保证更多反映的是经济学家对资本主义自由市场经济的信念，而非他们对究竟将要发生什么事的预测能力。如果我们转向物理学和资源科学的预测，会看到截然不同的观点。我们正处在一场全球范围的"完美风暴"的早期阶段，这场风暴将影响我们所做的每一件事，不幸的是我们还没有为它做好准备。我们的能源过渡桥梁将深刻地影响我们的国家，以及我们的文明本身在 21 世纪的存续。

风暴并不是隐形的，但是大多数美国人还没有意识到它的未来影响——因为我们经历的大规模运动一向将这些影响排除在视线和考虑之外，还因为关于能源经济本质的普遍误解让政府和企业领导者一直朝着错误的方向看。

　　风暴的征兆既有经济的也有物理的，而且这两种迹象之间的联系非常重要。经济不稳定的迹象不仅包括我们看到的汽油和原油价格的极高峰值，而且如果经济恢复增长，从食品到塑料再到航空旅行，依赖石油和天然气的一切的长期成本都会上涨。[①] 物理方面的迹象包括过去若干年里，全世界和美国经历的灾难性极端天气事件都在增加。2008 年的缅甸风灾造成超过 85 000 人死亡，死亡人数是美国"9·11"恐怖袭击的 40 倍。某个特定的飓风可能是，也可能不是全球气候变化的结果，但是飓风频率和猛烈程度的增长几乎可以肯定是受其影响的结果。2008 年，美国平均每天要遭受 87 次龙卷风的袭击。加州每个月有 2 000 次山火失控，过火面积超过 1 400 平方英里。

　　这些令人不安的事件，以及发生在其他大陆上的类似事件，是三个迫在眉睫且不可逆转的现象的预兆。首先是"石油峰值"的结束，在这个决定命运的时刻，公众终于相信专家们早已知道的事实：全球石油产量已经开始下滑。围绕石油运行的全球经济将进入持续恶化的资源短缺、价格高企的时代，与此同时全球人口继续以每年 7 000 万人的速度扩张，对能源和食物的需求也快速增长。大多数预测指出石油峰值将在 2010—2020 年之间到来，有些专家则认为其已经到来了。

　　伴随着过去半个世纪以来与能源有关的创新速度的放缓，第二个令人不安的现象是以化石燃料为基础的经济所依赖的若干关键技术显而易见的"老龄化"。今天生产的内燃机和我们用来发电的蒸汽轮机并不比 20 世纪 60 年代更高效（在将燃料转化为可用能方面）。"铁锈地带"之所以生锈是有**原因**的。

　　第三个困扰是气候灾难的增加，大多数美国人已经看到了这一

----

　　① 始于 2008 年的经济崩溃带来了需求的暂时下降，这导致了能源价格的暂时下降，但是考虑到预期的全球人口增长，伴随着石油产量的下滑，石油成本的长期趋势是上升的。

点，但是还不知道应该怎么办。气候灾难使美国的经济危机和能源危机相结合，提升了实现石油独立和充分开发非化石燃料新技术的紧迫性。与一般人的印象不同，这些新技术远没有做好大规模替代化石燃料的准备。讽刺的是，短期内应对气候灾难所需要的应急投资，恰恰占用了长期为了避免更严重的灾难所需要的特定技术投资的资金。

不难看出面对这场风暴，美国必须做出何种反应。我们将其总结归纳为三个主要目标。在后面的章节里，将介绍如果对经济模型加以修正，使其充分反映能源流动对经济增长的影响，我们如何能够在相对有限的时间里实现这些目标。

● **以非常低的成本，甚至负成本大规模减排温室气体。** 负成本实际上将从总体上扩张美国经济。

● 不从加州和佛罗里达海岸以及北极国家野生动物保护区开采石油，不对伊拉克、沙特阿拉伯、委内瑞拉或任何其他地区采取军事控制就实现**能源独立**。一旦石油价格上涨得过高、过快，这些地区将对美国领导人非常具有诱惑力。

● **极大地促进能源安全**（与能源独立不是一回事）。今天的大型中心发电厂和输电网络在人为破坏和飓风袭击面前都十分脆弱。

领导的乏力

那些相信自由市场能够调节一切的美国人现在可能还选择观望和拒绝，但是其他人寄希望于我们的企业和政府领导者能够最终"恍然大悟"。从围绕着绿色创新的大量新闻不难发现，美国正在积极做出回应——包括混合动力汽车、电动汽车、生物燃料、节能灯、能源之星认证、自愿碳交易市场、绿色投资，以及奥巴马政府饱受争议的可再生能源投资。而且，许多个人、公司和民间团体正在努力减少碳足迹，为气候变化做好准备。但是克林顿政府和布什政府实际上毫无作为，并且与广告所误导的相反，大多数最大的公司除了广告什么也没有做。**二氧化碳排放仍然在增加**。对情况进行监控的科学家清楚地看到了这一点，即使有《2009 年美国复苏与再投资法案》的干预和大量清洁能源投资，大气中的二氧化碳浓度在未来仍会**继续**上升，除非我们能够对能源经济进行更加彻底的变革。

第二届布什政府对构成这场即将到来的完美风暴的三种现象非常后知后觉。在他八年总统任期的前七年里，乔治·W·布什和他最亲密的顾问否认人类活动导致全球变暖的真实性，并积极采取行动阻止那些未雨绸缪的努力。但是在 2008 年美国中西部灾难性的龙卷风和洪水过后，白宫发表声明，承认了这个无法再否认的事实：气候变化至少部分是由人类活动造成的。

不过与此同时，俄克拉荷马州参议员詹姆斯·因霍夫和其他一些石油大国的政治家继续坚持全球变暖是"自由主义的骗局"。他们的激烈反对，以及议员当中普遍存在的不知道应该听从谁（气候科学家还是埃克森公司和壳牌公司的说客）的困惑，使得国会在 2009 年之前没有通过关于气候变化的任何有意义的法案。前副总统艾尔·戈尔的政治对手一直取笑他关于汽车内燃发动机应该被逐步淘汰的主张，直到他的电影《难以忽视的真相》唤起公众对这一问题的关注，我们已经失去了将近 20 年的时间。①

预期的石油峰值的接近在学术界已经得到了广泛的讨论，主要是由一些石油地质学家提出的——著名的有金·哈伯特、科林·坎贝尔和让·拉埃勒尔。但是大多数能源经济学家、国际能源署（IEA）、石油输出国组织和美国能源信息管理局，以及石油和天然气产业协会和大型石油公司一直在倡导这一观念，即至少到 2030 年之前，如果价格没有显著提高，对石油的需求将继续增长，实际上

---

① 1988 年，美国国家航空航天局（NASA）的首席气候科学家詹姆斯·汉森第一次就全球变暖的危险向美国国会提出警告。2008 年他又重申了这一警告，但是他说："现在和当时一样，我能断言这些结论的确定性超过 99%。区别就在于现在我们已经用光了所有的缓冲时间。"

也将继续增长。尽管最近的预测变得更谨慎了，但还是有一些经济学家说"我们拥有石油的海洋，所以只是价格的问题"，他们列举了油砂和其他存在疑问的资源作为论据。所有这些机构的乐观主义与地质学家的怀疑主义相互抵消，带来的净效应就是立法和管理上的乏力。

科学家早在 19 世纪 50 年代就提出了警告：地球的资源不是无限的。他们在 20 世纪 50 年代更加严肃地重申了这一警告。除了对煤炭、石油和其他矿产资源枯竭的担忧之外，农学家还担心水土流失造成人类生产食物所需的表层土流失的速度超过了自然再生的速度。爱德华·O·威尔逊等生物学家警告说，污染和栖息地的破坏正在对成千上万的物种造成威胁——包括对半数人类农作物的授粉起着关键作用的蜜蜂。生态学家已经观察到物种大灭绝，整个生态系统正在崩溃。海洋生物学家发现，沿海城市的污水和农场流出的化肥已经将墨西哥湾和太平洋的大片区域变成缺氧的死亡地带。20 世纪 70 年代，气候科学家开始担心人类活动增加的二氧化碳和其他温室气体将破坏气候的稳定。

20 世纪 90 年代初，这些担忧汇总为明确的警告：

● 1992 年，新成立的政府间气候变化专门委员会（IPCC）的气候科学家发表了他们的《第一次评估报告》，警告世界各国政府人为加剧的气候变化正在成为对文明的严重威胁。这份报告由来自 26 个国家的 78 位主要作者和 400 位合作作者起草，由来自 40 个国家的 500 多位科学家审阅，又由全世界各个国家科学院的 177 位代表再次审阅。

● 同年，来自不同领域的 1 670 位科学家联名发表了《世界科学家对人类的警告》，这份报告的引言中说："人类和自然正走上一条相互抵触的道路。"报告的第一项建议是："我们必须从化石燃料转向更良性、更充裕的能源，以减少温室气体排放。"这份报告得到了 104 位诺贝尔奖得主的签名。

● 1998 年，世界自然保护联盟（IUCN）发表了长达 862 页的《世界自然保护联盟濒危植物红色名录》，汇总了 20 年来全世界 16 个科学组织的研究。该名录列出了 34 000 种濒临灭绝的已知植物。一项由纽约美国自然历史博物馆的美国生物学家发起的全国调查显示，我们已经进入地球历史上速度最快的物种大灭绝时期——比 6 500万年前恐龙灭绝时还要快。

● 2007 年，IPCC 发表了更新后的评估，在最新的持续研究的基础上修正了关于气候变化的警告。新的报告显示气温将上升得更高，海平面将上升得更高，灾难的破坏性可能比之前的报告中指出的更加严重。

许多经济学家对形势有着不同的看法。既然气候变化的到来不可避免，那么他们更关心的是为即将到来的变化买保险的短期成本，而不是未来造成破坏的不确定的成本。部分原因可能是经济学家习惯于低估未来，他们这样做的主要依据是个人和企业的确如此。归根结底，社会本质上就是个人和企业的集合。低估未来的部分原因可以归结于死亡——我们可能无法活着享受从现在的消费中节约下来的东西，还有部分原因归结于与生俱来的短视。无论是作为个人还是社会，我们都很难想象未来的需求会比今天的需求更多。如果经济一定会增长，为什么不让更富有的一代去为清洁环境买单呢？他们显然更能负担得起。

给未来的需求打多少折扣①是个紧迫的问题，同时承受着一定的政治压力：我们应该在今天投入多少，来减轻 5 年、10 年，甚至 50 年以后气候变化带来的损害？显然，答案在相当大程度上取决于未来的经济状况。如果气候变化能够减少取暖所需的石油、将西伯利

---

① 经济学家们对这一折扣率存在很大争议。一些非主流经济学家相信这个比率应该接近于零，或者取一个非常小的数值，因为既然未来世代的人要承受我们现在所做决策的结果，他们就应该对此享有投票权。但是大多数经济学家倾向于从财务的角度来思考，争辩说可以将今天挣得的一美元存入银行获取利息（可以假定利率高于通货膨胀率），因此这一美元在未来具有更高的购买力。

亚等地变成沃土，从而使世界变得更加富裕，那么我们甚至应该加速这种变化。相反，如果由于海平面的上升、更猛烈的风暴、更多的飓风和龙卷风、更具灾难性的洪水和干旱，以及更普遍的农作物减产（科学研究着重指出了这种可能性），我们则应该投资于那些减少碳排放和减轻这些影响的战略。要决定应该怎样做，**我们必须知道石油峰值和气候变化带来的变化会对经济系统造成何种影响。**

但是标准经济模型如果不打马虎眼的话已经无法回答这个问题了。正如上文提到的，它们无法解释过去两个世纪以来大部分的经济增长。如果这种增长的主要原因是一次能源和有用功的成本下降呢？如果这些成本在未来很有可能上升呢？给增长的主要原因贴上"技术进步"或者"全要素生产率"的标签是回避问题。这不能解释我们在未来5年、10年，甚至50年应该期待多高的增长率——如果还有增长的话。我们已经提到，经济增长的标准模型简单地假设增长会以同样或者稍低的速度继续下去，不受能源可获得性和成本等这些我们已知的重要因素的影响。模型还假设所有的业务单元和产业功能都处在一个公平的竞技场上：气候宜人，参赛者遵守规则，裁判诚实公正，看台上的观众行为得体，每个人都有热狗吃。与此形成鲜明对照的是，来自物理学的警告描绘了一个极端天气事件与脆弱的生态系统相伴、人口增长、贫困滋生、资源枯竭的未来，围绕水和能源的争夺愈演愈烈，造成物理的、社会的和经济的巨大灾难。标准经济模型无法解释这场浩劫。

经济学家（但是直到最近还不包括科学家）对美国政府的影响很大，部分原因是近年来经济顾问就像童话故事《皇帝的新衣》里的裁缝一样。尽管他们已经知道，自从20世纪50年代以来经济增长中的"技术进步"要素就没有得到解释，但是刚好赶上的经济增长掩护了他们——即使经济偶然遇到挫折也能迅速复苏。出于职业考虑，他们对自己不知道的东西保持沉默。像故事中还以为自己身着华服的裸体的皇帝一样，美国总统及其幕僚从他们的顾问那里得到保证，至少直到 2008 年之前这一切都没有问题。最频繁出现的评论之一是："经济基本面很健康"——特别是在衰退和萧条期间，我们在 2008 年的经济危机中就一直听到这样的评论。

但是现在大多数人已经知道，正如我们在本书中阐明的，经济并不健康：从方方面面来说，我们的生活太奢侈了。我们把自然资本当作当期收入来借用和消费。许多自然资本都是不可替代的。在过去几十年里，我们为当前消费借用了大量的金钱，下一代美国人可能根本无力偿还。保守主义经济学家总说我们的子孙后代会比我们更富有，这种观点越来越像是皇帝身上不存在的新衣。

从 2008 年房地产危机中，我们可以一瞥围绕现在的经济乱局，公众最主要的非议和争论的发展动态。很少有专家预见到危机的到来，身居高位的更是没有。即使在危机出现以后，也很少有人预见到其涟漪（然后是海啸）效应。当次贷危机最初爆发时，美联储主席本·伯南克向国家保证："鉴于经济基本面健康，我们认为次贷危机不会波及其他经济部门或金融系统。"几个月内，危机就席卷了整个按揭市场、建筑业、房地产业、保险业、投资银行和汽车工业。2008 年 7 月，当新闻爆出加州一家主要银行破产，美国抵押贷款巨头房利美和房地美濒临崩溃，一位白宫发言人还在电视上说："我们没有理由恐慌。房利美和房地美拥有充足的资本。"①

据我们所知，除了布什政府希望向惶惶不安的公众保证经济仍然健康之外，没有人把这种评论当真。（"经济仍然健康。"几天后布什总统在一次"例行公事"的声明中说。）但事实上，关于房利美和房地美拥有"充足的资本"的保证无意中成为对经济乱局的一种辩护和误导，使美国的能源政策陷入了困境。这种说法的本意是指贷款者拥有充足的支撑信贷和恢复经济活力所需的重要资产——**资本**。

---

① 根据美国联邦存款保险公司（FDIC）的报告，截止到 2008 年底美国有 25 家银行破产。破产的速度在 2009 年还在提高。

正如本章前面提到的，新古典主义经济理论一贯假设（至少到 20 世纪 50 年代）资本投资是经济的动力源泉。但是也正如我们所说的，**能源**是经济的动力源泉。或许的确有足够的资本偿还房地产市场的欠债——在纳税人又一轮注入资本之后。但是这些足以让房地产市场重新站稳脚跟吗？

答案在很大程度上取决于经济状况。对新住房的需求取决于人口，但是也取决于人们搬进位置更佳、更大更好的房子的意愿——而这取决于经济增长。跟标准经济模型告诉我们的相反，经济增长取决于能否获得更便宜的能源服务或有用功。

美国政府不能像印钞票一样印能源，不能用会计上的小花招让能源像资本一样无中生有。现实是美国经济并**不健康**，因为能源不再廉价。尽管石油和天然气价格在 2008 年底暂时出现了下降（因为需求暂时下降了），但长期来看一次能源不可能再次变得便宜。不过，美国**能够**采取战略让**能源服务**变得比现在便宜。

粉碎有关能源的谬论

第二届布什政府任期的最后几年，政府内弥漫着受挫和逞强的气氛，焦虑的情绪在公众中滋长。这种焦虑不仅来自物理学和经济学的持续冲突，还来自有关美国能源经济的一些根深蒂固的谬论和误解，包括以下这些方面：

● 只有通过扩大加州或佛罗里达海岸，以及北极国家野生动物保护区的石油开采，或者建设数以百计的新燃煤发电厂或核电站，**美国才能实现能源独立。**许多客观分析清楚地指出，这只是缺乏事实依据的政治言论。正如许多专家已经证明的，自 1970 年起，美国消耗的石油就超过了国内产出，沿海石油开采计划不会改变这一点。实现能源独立的途径存在于美国能源系统的制度和法律架构之中，而不是大洋的海底。

● **中心发电厂是效率最高的。**在现实中，我们的发电厂以废热形式抛弃的能量，是它们以电力形式向美国消费者输送的能量的两倍。如果对电力行业的制度结构进行一场重大变革，废热可以抵消现在建筑物和家庭供暖所消耗的大量化石燃料。

● **采取强硬措施提高能源效率、减少碳排放以缓解气候变化，对企业来说过于昂贵了，将"损害美国经济"。** 我们提供了大量真实世界的案例，证明美国企业能够以负成本大幅减少碳排放，并迅速取得回报。对于成千上万的美国公司来说，未来 20 年或更长时间里都能持续收获利润，而不需要在生产中引进任何昂贵的新技术。这 20 年或更长时间的重要性在于，这段时间足够引导我们的经济度过未来的能源技术准备就绪之前的危险期。

● **经济增长的主要驱动力是劳动和资本。** 我们在上文中已经提到，接下来两章还将进一步解释，最近几十年美国经济增长最大的驱动力是能源服务（有用功）成本的下降。随着石油（和天然气）价格的上涨，一种新的能源战略是必不可少的。

以科学为基础的能源战略

近年来，有关大觉醒——一种彻底改变人类的现象——的预言在扩散。数以百计的作家和思想家预言，一种改变世界的意识变革将拯救我们于危难。一些预言起源于渴望，渴望相信生命的本质比占主导地位的消费文化所体现出来的更丰富。一些预言想象我们的物种将经历一次进化，从历史上司空见惯的战争和意识形态冲突上升到一个更高的层次。还有许多预言起源于过去几十年中的环保运动，以及所有生命相互依赖和现状缺少可持续性的观点。

我们的观点更加世俗：我们预见在未来若干年内，美国人将意识到过去一直误解了能源在我们生活中的作用，这种误解将阻碍我们为正在四周酝酿的完美风暴做好准备。当我们充分意识到这一点，就可以达到以下目标：

● 美国对气候变化的反应，包括政府和私人部门，可以从现在的犹豫不决转向一场媲美第二次世界大战规模的总动员。近期对减排二氧化碳的投资进行明智的安排，将在未来几十年节约数十亿美元的支出，避免数万亿美元的损失。

● 经济学家可以对用来向政府和企业提供建议的标准经济模型进行修正，以充分体现能源对经济增长的驱动作用，使政策制定者相信，短期内对**使能源服务更廉价的特定技术**的政府支持应该获得最高优先级。其他开销巨大的大类则有必要削减，如军费预算和公共福利，直到降低了的能源成本能够重新带来活跃的经济增长。

石油峰值过后，以石油为基础的关键技术老龄化并逐渐衰退，极端天气灾害频发，这是一场社会和经济动荡双重的完美风暴。即使我们遭遇并穿越了这场风暴，我们仍然可以实现这些目标。气候和能源政策将被提到国家政治和规划议程表的顶端。在优先级上甚至超越恐怖主义、"下一场战争"和经济本身，因为我们最终清楚地认识到，廉价和安全的能源服务是经济的根基，它有能力满足一切其他需求。

第 2 章　重获丢失的能源

　　无论在政治上还是情感上，能源独立不仅是美国人的热门话题，也是全世界所有依赖石油的国家的热门话题。1973 年，阿拉伯石油禁运让美国的加油站排起了长队。2009 年冬天，由于俄罗斯政治家决定切断天然气供应，八个欧洲国家不得不度过没有天然气的周末，导致数百万人受冻。只有少数几个国家是石油和天然气出口国，其他国家（包括美国）越来越依赖于这几个国家——**除非**它们能够找到一种解决办法。

　　美国政客对呼吁能源独立的反应条件反射般地迅速，而且可以想见地表现出对他们意识形态倾向的坚持。随着汽油价格在 2008 年达到顶峰，共和党积极地重提在加州和佛罗里达海岸以及北极国家野生动物保护区开采更多石油的计划，之前出于环境考虑是禁止在这些地区开采石油的。他们还呼吁复兴核工业，建设大批新的核电站。开采石油与长期以来的保守主义观点是一致的，他们认为对自然的探索和征服是美国精神的核心①，而且政府不应该告诉公司能做什么、不能做什么。保守派还说核能不会产生温室气体。环保主义者和奥巴马政府已经呼吁以尽可能快的速度从石油转向可再生能源，因为近年来受到损害的不仅有气候，还有美国在全世界的声誉（和影响力）。

　　遗憾的是，这两种政治冲动都是错误的。保守派呼吁在生态脆

---

　　①　埃克森-美孚公司在 2008 年夏天的一则电视广告中说，在人类历史上历次伟大的探索中，"我们是天生的探险家"，并且暗示海底石油勘探是这种高贵的探索精神的自然延伸。

弱地区更多地开采石油，其中存在两方面的误解。首先，地质学研究已经明确指出在那些地方找不到多少石油[①]——这种呼声在很大程度上是象征性的。而无论那里有多少石油，都需要十年时间来开采，所以即时收益实际上为零。其次，即使不进行这些开采，美国也有可能实现能源独立——同时也不会有这些额外的石油导致的二氧化碳排放的增加。正如我们在本章中说明的，我们可以让现在使用的化石燃料创造出更多的能源服务，多到足以在未来 20 年内结束从中东进口石油，而且不需要在棕榈滩、拉荷亚或北美驯鹿的迁徙线路上修建新的钻井平台。关于核能的大量游说活动忽视了一个事实：尽管核能能够提供一部分电力，但它不能成为石油的替代品，无论是汽油还是石化产品。

一些环保主义者也错了。虽然替代石油和煤炭（或许还有核能）的需要迫在眉睫，但是彻底完成这一转变至少还需要几十年的时间。我们与可再生能源的倡导者拥有同样的目标和同样的紧迫感。但是无论是政治上还是财务上，都没有可行的方法能够克服现实世界资本折旧的限制，对过时的化石燃料基础设施（包括道路和高速公路）进行大规模资本置换，也不可能在一夜之间募集到新的投资。美国资产中有庞大的比例锁定在旧系统上，即使在紧急情况下，释放这些资产也需要很多年。另一方面，即使旧基础设施能够在一个星期之内解套，那也将是一个巨大的错误，因为实现美国的能源独立、显著减少碳排放的最好办法是让旧系统多运行一段时间——投资于能够在短期内显著提高现有燃料输入的有用功总输出，同时减少温室气体排放的改进技术。我们通过一个真实的案例来说明这一点。

能源回收的秘密宝藏

在印第安纳州西北角、密歇根湖南岸，米塔尔钢铁公司拥有一

---

① 据美国能源部称，美国（包括其沿海地区）拥有世界已经探明的不到 3% 的石油储备。

家叫作 Cokenergy 的炼焦厂。焦炭*（化工产品，不是饮料）几乎是纯碳，在隔绝空气的条件下对原煤进行加热，去除甲烷、硫、氨、焦油和其他杂质，使其适用于炼钢高炉。这个过程中排出的一部分天然气用来加热炼焦炉。在传统生产设施中，易燃的焦炉煤气被捕获，但是加热炼焦炉本身的高温燃烧产物通常被排放到了空气中。

Cokenergy 不是一家传统的工厂。除了回收天然气用于其他地方，它还捕捉废热用于发电。这种"回收的"能源是在**不增加任何二氧化碳排放或其他污染**的情况下生产的。虽然主要生产过程（生产焦炭）使用了化石燃料，但后续的利用高温废热发电的过程没有使用。作为副产品的电力像使用太阳能集热器生产的电力一样清洁。这些无碳的电力被用于驱动附近的米塔尔钢铁厂的轧钢机。

2005 年，米塔尔的炼焦厂生产了 90 兆瓦的零排放电力。正如我们在引言中提到的，这一产量，加上附近的竞争对手美国钢铁公司生产的 100 兆瓦循环利用能源，超过了当年整个美国太阳能光伏（PV）发电的产出。再加上其他美国工厂循环利用的 900 兆瓦，当年美国循环利用能源的产出大约是太阳能光伏发电的**七倍**。而且，循环利用废弃能量的公司不需要再从当地公用事业购买这部分电力。这消除了如果由当地公用事业来生产这些电力将会产生的二氧化碳排放（和其他污染）。不过，全美国通过这种方法生产的零排放"额外"电力仍然只有当前运行中的美国工厂**能够**生产的 10%——而且不需要燃烧任何额外的化石燃料。太阳能光伏自 2005 年起发展迅速，但是即使它继续急速扩张，要取代大部分我们现在依赖的化石燃料也需要很多年，因为基数实在是太小了。这段"过渡"时期正是我们需要关注的。许多公司可以在三到四年里安装米塔尔钢铁公司的 Cokenergy 工厂那样的设施。米塔尔循环发电的成本只有当地

---

　　* 焦炭和可口可乐的英文都是 coke。——译者注

公用事业向顾客收取的电费的一半。

的确，事情很奇怪，或许有些讽刺。从审美和情感的角度出发，进步的环保主义者可能很难接受，与像许多人建议的那样尽快转向可再生能源相比，**更高效地利用化石燃料**可能是更可取的。但是从物理学和工程学的角度出发，这是无可争议的：如果我们的目标是尽可能迅速地大规模减排二氧化碳，那么最有效的方法是投资于"废热发电"。这意味着不仅是从炼焦过程中回收高温废热用于发电，而且扩展到各种现行的燃烧化石燃料的工业过程，如冶金、炼油、炭黑生产和化学加工。用这种方法生产的电力像风能和太阳能发电一样清洁，而且更加便宜。

最后一点非常重要：从使用化石燃料的工业过程中循环利用废弃能量流比太阳能光伏或风力发电便宜得多，比生物能清洁得多。总有一天，可再生能源不需要补贴也能具有竞争力，文明能够重获安全。在一些多风地区，风力发电已经得到充分发展，能够与核电或化石燃料发电相竞争，但是太阳能发电（包括热电和光伏）还有很长的路要走。在未来若干年里，即使有 2009 年金融救市计划对可再生能源的大力扶持，投资于米塔尔的工厂这样的废弃能量循环利用项目的一美元，也能够比投资于可再生能源的一美元产出更多的零排放电力，并且减排更多的二氧化碳。

我们必须马上澄清的一点是：这并不意味着投资者应该重新考虑可再生能源投资或者改变主意。正确理解这里描述的战略，对太阳能、风能和氢能的投资应该继续增加。米塔尔钢铁公司正在开展的能源循环利用项目是一种短期战略，目的是在可再生能源的产出足够大之前坚持一段时间。到那一天之前，从炼焦厂回收废热是米塔尔钢铁公司能做的最聪明的事。

遗憾的是，这不意味着这种低成本、零排放的能源能够为你的家庭或办公室提供电力——至少现在还不能。米塔尔钢铁公司只将 Cokenergy 生产的 90 兆瓦电力用于它自己的炼钢厂，没有提供给工厂所在地、印第安纳州东芝加哥的民众。不过，以这种方式为能源消耗巨大的炼钢过程提供清洁电力，不仅降低了米塔尔公司从当地公用事业购买电力的需求，而且大幅度减少了当地公用事业向北印第安纳的空气中排放的二氧化碳。

除了高温废热，我们还可以回收其他几种成千上万的美国工厂正在产生的废弃能量流。我们能够以低廉的成本将许多废弃能量流转化为电力，否则这部分电力就要依靠燃煤发电厂、天然气发电厂或者核电站来生产。①

在纽约州罗切斯特市，柯达公司拥有一处长达五英里的综合设施。一套气压系统为其化学加工过程供电，这套系统每小时回收300万磅本来作为废气排放的蒸汽用于发电。最新数据显示，每年能够减少360万桶油当量的消耗，为柯达节约8 000万美元电费。

第三类废弃能量流是可燃气体，炼油厂和一些化工厂通常直接将这些气体燃烧掉。如果你在夜间驾车经过新泽西收费高速公路费城附近的 I–95 段，或者路易斯安那州的"癌症走廊"地带，你会看到空气中的烈焰（和闻到燃烧的气味）。原则上，公司可以利用所有这些废弃能量来生产廉价的电力。

在印第安纳州加里市的一座美国钢铁公司的工厂，炼钢过程的副产品是"高炉煤气"，全世界的钢厂都是如此。高炉煤气的主要成分是一氧化碳和氮气，还含有一些氢气和二氧化碳。一氧化碳和氢气使其易燃（并且有毒），所以如果找不到一种有益的用途就必须被燃烧掉。但是在这座工厂中，高炉煤气被捕获用来生产蒸汽，驱动一台年产 100 兆瓦电力的蒸汽涡轮发电机——比西边几英里外米塔尔公司炼焦厂的产量还要高。

----

① 核电站不排放二氧化碳，但产生了另外一种能源安全问题。自从切尔诺贝利核事故以来，人们始终对核电站的安全性顾虑重重（核电站在恐怖袭击面前的脆弱性又加重了这种顾虑），放射性核废料的安全填埋也是一个难题，这些核废料在未来几千年里都将是致命的。

第四种废弃能量流是在减压过程中产生的。大约8％的天然气在经管道运输时被压缩，以驱动气体通过管道。在终点处，这部分压缩能量散失了。只需要一台简单的背压涡轮机，就能将这种压力转化为有用的电力，涡轮机的成本仅有几百美元/千瓦。在美国，仅这一过程就能提供额外6 500兆瓦无碳的电力，使美国的化石燃料消耗和温室气体排放减少约1％。

最大的能源漏洞

第五种非常不同的废弃能量流是低温热，以巨大的数量排放到空气和水中。而排放最多的偏偏是那些大型的中央电力设施。你可能会想，一家以销售能源为业的公司怎么会随便**倾倒**能源呢？原因在于，与高温废热不同，低温热不能用来发电，所以中心发电厂只得将其排入天空或附近的河流湖泊。

不过，这并不意味着低温热不能被利用。只是它不能被用于大多数中心发电厂所在的地方——远离它们服务的都市或城镇。电力可以通过线缆进行长距离传输，热空气或热水却会在传输过程中冷却。但是如果热量能够在距离发电厂较近的地方得到利用，就能即刻产生节约能源和减排二氧化碳的收益。

对低温热的主要利用是为住宅或建筑物供暖。在大多数美国社区，是通过燃烧石油、天然气或丙烷，或者购买电力来供暖的，电力则是由燃烧煤炭或天然气的发电厂提供的。换句话说，几乎所有的美国住宅和建筑物（有少量利用太阳能或燃烧木材的例外）是直接或间接地消耗化石燃料来取暖的。如果能够利用发电厂的低温废热，现在用于供暖的化石燃料消耗就能被完全消除。

这种节约的潜力是巨大的。传统的美国电力系统的平均运行效率只有33％（包括输电损耗），输入这些发电厂的能量只有三分之一最后以电力的形式传递给了顾客。另外三分之二以废热的形式被丢弃了。问题很明显：我们怎么才能把这些热量送到能够利用它们的地方？

　　答案之一是 CHP 战略。在能源专家当中，CHP 指的不是加州高速公路巡警（California highway patrol），他们所说的 CHP 能够发挥比大多数警察更强的制动能力：它能够堵住正在消耗美国能源供应的诸多漏洞中最大的一个。CHP 是热电联产（combined heat and power）战略——在同一家工厂同时生产热能和电力用于销售。由于传统发电厂只在偏远地区的设施中生产电力，因此电力必须通过有损耗（且丑陋）的电线输送到城市。但是假设电力就是在公寓楼的地下室（或屋顶）、购物中心、大学校园或工业园区这些需要的地方生产的，这些建筑就可以利用废热来提供暖气和热水。这种系统成为**分布式** CHP 或 DCHP，不仅消除了从所谓的中心发电厂购买电力的财务和环境成本，而且消除了远距离高压输电的高额成本。

　　上文介绍的米塔尔和柯达公司的例子是 CHP 的有限形式，因为热能和电力都得到了生产和利用。遗憾的是，在美国很难找到在购物中心或商务花园应用 DCHP 的现实案例，因为对大多数用途而言，DCHP 在全美 50 个州都是非法的。你可以发电自己使用，或者出售给当地公用事业（按照对方决定的价格），但你不能把电卖给自己的邻居。事实上，通过私人线路向公共街道对面输电在所有的州都是非法的。举例来说，这就是为什么米塔尔钢铁公司不能将清洁、廉价的电力出售给东芝加哥的居民。我们将在第 5 章具体讨论这个问题，现在只要知道禁止 DCHP 的法律应该被修改就够了。如果政治家和政策制定者真的想实现能源独立，那么在 20 世纪 20 年代完全不同的环境下创造了垄断公用事业的法律就必须有所改变。

　　现在，DCHP 在其他国家已经得到了日常应用。在许多欧洲国家，一种称为"区域供暖"的 CHP 形式已经实施了几十年。当地发电厂产生的废热通过管道输送给附近的用户（通常是公寓楼）。这节约了供暖本来需要燃烧的化石燃料，而且取代了效率极低的传统的地下室锅炉供暖系统。但是这种形式只能在附近有发电厂、人口高度密集的发达地区实施。区域供暖在美国用处不大，因为我们的城市、近郊、远郊和星罗棋布的小城镇过于分散了。

更加成熟的 DCHP 系统在一些技术更发达的国家已经得到了应用，在这种系统中，燃气轮机或柴油机（或者最终的高温燃料电池）在同一座建筑物中同时生产热能和电力。CHP 在丹麦总发电量中所占的比例超过 50%，在荷兰是 39%，在芬兰是 37%，在中国是 18%。这些目标的实现，主要是通过政府要求公用事业减少碳排放，进而为它们生产的热能寻找市场，这意味着将新的发电厂选址在需要这些热能的地方。

这些国家（除了中国）的生活水平在全世界也是最高的，这并非偶然——在自己国内发电的国家当然会要求发电过程安静、清洁、不扰民。在美国，如果电力和热能能够在单独的建筑物中实现联产，**并连接到输电网络**，那么实际上所有新增的产能都可以实现分布式。只有保护垄断公用事业的法律必须被修改。本书提出的原则之一就是，我们为未来十年提出的所有计划（我们预期其中大部分可以延续更长时间）都可以使用本国的能源资源，通过现有的技术来实现——这些技术已经在世界上其他地方得到了应用。国际能源署（IEA）在 2008 年的一份报告中指出，如果通过 CHP 来满足未来对新增产能的需求，但不对现行法律进行重大修改，那么全球节约的资本成本将达到 7 950 亿美元。考虑到美国在全球能源消耗中所占的份额，美国能够节约的份额在 1 000 亿~2 000 亿美元之间。我们认为实际的潜力还要更高一些。

许多国会议员、政府官员、经济顾问、公用事业专员和城市规划者对分布热电联产概念的第一反应是公用事业从业人员会丢掉饭碗，因为人们普遍相信中心发电厂是效率最高的，小规模生产永远无法企及。在 20 世纪早期的确如此——公用事业正是这样得到它们现在享有的受法律保护的垄断地位的。但是 40 年来中心发电厂生产和传输电力的效率没有得到显著的提高，小型系统却有了长足的发展。今天用于发电的小型燃气轮机和柴油机几乎与中心发电厂使用的大型蒸汽系统同样高效，特别是考虑到传输和配送中的损失。再加上废热本地利用的潜力，它们的效率还要更高，因为它们节约了大部分现在为了提供暖气和热水所需要燃烧的燃料。

惊人的低效率

要正确地看待热电联产的潜力，重要的一点是记住，当我们说现行电力公用事业系统的效率是 33%，指的只是它们发电和向顾客输配电的效率。一桶石油或油当量中包含的能量只有三分之一最后到达了电表上。要计算实际能源**服务**的整体效率（照明、供暖等），你需要将 33% 的效率乘以顾客**使用**电力的效率，无论是用来发动一辆汽车还是点亮一盏电灯。

现在每个人都知道白炽灯泡（20 世纪"好主意"的象征符号）以每瓦流明计的最终效率非常低，节能灯（紧凑型荧光灯）则要高得多。但是尽管节能灯的效率是白炽灯泡的三倍（前者是 15%，后者只有 5%），再乘以 33% 的电力效率（0.33×0.15），节能灯的总效率也只有 5%。

类似地，插电式电动汽车的发明可能非常振奋人心，但是虽然电力发动机的效率在 60%~95% 之间（取决于体积、速度等），但电池本身的充放电循环每次的单向损失（充电和放电）约为 20%。一辆电动汽车使用来自中心发电厂的 33% 效率的电力充电，传递到车轮的总体效率为 16%~18%。这个效率比现在城市交通中使用的传统的汽油动力汽车高，但是仍然浪费了所使用的每桶油当量的六分之五。

接下来考虑当你开车时的**有效负荷**效率。在一个能源不再廉价的国家，为了运输你和你的公文包或购物袋加起来的 200 磅重量，移动超过 1 吨重的钢铁、玻璃和橡胶（加上油箱里的汽油），姑且不论这样做是否合理的问题。如果移动汽车本身的效率是 10%——这是美国的平均水平——被运输的有效负荷（假设为汽车重量的十分之一）的效率只有10％的十分之一，即1％。如果你的汽车又搭载了一个人，或者许多行李，有效负荷可能是2％或3％。如果是混合动力汽车或电动汽车，这一效率可能达到4％。如果汽车停止不动，效率也差不多低。总有一天历史学家会对此大摇其头。

如果把美国使用的各种不同能源加总在一起，产生有用功的整体效率现在在13％左右（不考虑有效负荷效率）。这就好比一位父亲为孩子的生日聚会买了七个冰淇淋蛋筒，当他走出商店时就有六个掉在了地上。坏消息是许多冰淇淋损失掉了。好消息是现在这位父亲的灵活性有很大的改进空间。

当乔治·W·布什总统和约翰·麦凯恩敦促美国通过在海底钻更多的洞来解决能源独立的问题时，他们可能没有意识到，他们建议的行动对于改进能源的低效率这一真正严重的问题没有任何作用——既不能在短期内减轻对中东石油进口的依赖，也不能缓解长期的全球气候变暖。如果美国采取时任副总统迪克·切尼噩梦般的计划，新建1 300座燃煤中心发电厂，二氧化碳排放将继续以现在的速度攀升，而电力成本将显著增加——经济将进一步受创。（在那些没有被自相矛盾的修辞搞糊涂的人看来，"清洁煤"似乎是有道理的，但是通过去除煤灰和硫，将煤炭转化为气体这一过程使煤炭能源的成本翻倍，捕获和封存燃烧过程中排放的二氧化碳将使成本再次翻倍。）

假设奥巴马政府能够抛开反射性政治冲动，不去迎合选民对能源安全的恐惧，将本章提出的两个重要机遇整合为系统性的战略：（1）循环利用工厂中的高温废热、蒸汽或可燃气体；（2）鼓励电力生产的主流由中心发电厂向分布式热电联产转变。那么美国对化石燃料的需求能够减少多少？我们距离完全的能源独立还有多远？

首先来看废弃能量循环利用。上文提到，印第安纳州加里市美国钢铁公司的工厂2004年的产量约为100兆瓦，米塔尔公司的

Cokenergy工厂的产量为90兆瓦。约有另外1 000座美国工厂已经在进行废弃能量循环利用。其中大多数比印第安纳州的巨头规模小，但是根据最新的数据，它们加在一起每年总共贡献了10 000兆瓦电力。根据美国国家环境保护局的最新研究，美国有19个不同产业能够通过循环利用废热生产十倍于这个数字的电力。即使接受美国能源部相对保守的估计，能源循环利用的潜力也是现有水平的六到七倍。其中大多数是用清洁电力代替向燃烧煤炭或天然气的公用事业购买电力。

2007年，美国传统（燃烧化石燃料）发电厂的总产能是90万兆瓦，或900吉瓦（GW）。废弃能量流循环利用的产能是10吉瓦。太阳能光伏的产能是0.1吉瓦。到2009年，太阳能光伏增加到了近0.2吉瓦，奥巴马总统计划让太阳能产业在三年内再翻一番。随着一个产业的发展壮大，期待它继续以同样的速度扩张是不现实的，但是姑且假设太阳能光伏产业继续每三年翻一番，到2015年其规模能够达到1吉瓦，占美国总发电量的比例仍然只有可怜的1%。但是与此同时，如果废弃能量流循环利用以同样的速度翻番，总规模将达到40吉瓦——还有更多的发展空间。如果能源循环利用的**全部**潜力都得到开发，我们可以在不产生碳排放和不燃烧额外的化石燃料的条件下，提供美国10%的电力。如果说太阳能光伏是光鲜的未来，清理肮脏的化石燃料是黯淡的现在，那么当前商业环境中一个艰难的现实就是投资成本。这个现实告诉我们，废弃能量循环利用的选择要便宜得多。

至于风能，短期的前景更加乐观，但还不够乐观。美国风力发电的产能在2006年达到0.8吉瓦，某些地区基于每千瓦的风电成本已经具有经济上的竞争力。但是现实中风力发电的产出是间歇式的，所以实际产出比持续运行的发电厂要低。即使假设风电以最乐观的轨迹增长，至少到2013年之前，从老化的燃烧煤炭和天然气的传统设施回收废弃能量流仍然具有更大的潜力，能够以可承受的成本生

产更多的无碳电力。除此之外，太阳能和风力发电继续以几何级数
增长是不现实的。[①] 但即使以可以想象的最快速度持续增长，也需要
许多年，太阳能光伏和风力发电才能取代美国化石燃料发电量的一
半以上。要使经济在这段时间里维持运行，同时持续减少二氧化碳
排放，必须在大量投资于可再生能源的同时，同样大量投资于能源
循环利用（最初后者会更具生产力）。

然后考虑中心发电厂和提高美国电力产能的潜力，方法是逐步
淘汰"中心化"，转向分布式 CHP。现在美国大约有 3 855 座公用事
业或地方市政拥有的只生产电力的发电厂。能源工程师的研究显示，
这些发电厂的效率只有 33％，还要加上庞大的传输和配送基础设施，
如果全部新增和替代产能都是分布式的，效率能够提高到 60％左右。
这一转变可能需要很多年，但是如果阻碍分布式发电的法律及时得
到修改，就能在几年之内实现相当大的发电量，同时实现化石燃料
使用的净减少。如果不再建设新的中心发电厂，并且原有旧发电厂
中的一半逐渐被 CHP 淘汰，那么电力产业 900 吉瓦产能的一半将实
现 33％～60％的效率提升——从而使美国电力产业的总体效率提高
三分之一，同时减少三分之一的碳排放，且不使用任何额外的化石
燃料。

循环利用工业废弃能量和开始推进分布式发电，有了这两大战
略，我们就朝着能源独立和大幅减少碳排放的目标前进了一大步。
但这远远不是全部，只是提醒信号之后的第一章。

将这一战略与我们提到过的在美国沿海开采更多石油的选择相
比，让我们打一个比方。假设你在纽约州北部有一座农场，在一个
围栏里养了七匹野马。有一天你发现其中六匹逃跑了，你是应该立
刻计划一次花费不菲的远征，到 2 000 英里外的野马国去寻找新马，

---

① 假设你决定今天储蓄 1 美分，以后每天都将储蓄额翻倍。你努力坚持这样做，一
个月后你会拥有 2 000 万美元，但你恐怕坚持不过 10 天或 12 天。

还是到附近的田野里去把逃跑的野马找回来，既然它们肯定跑不远？把野马想象成潜在的功的单位（马力-小时），记住美国从煤矿或油井中提取的每七个单位的能源中，有六个单位在产生任何有用功或热量之前就消失了，回收和寻找替代品的问题是不是跟野马的例子一样？从宾夕法尼亚州阿伦敦已经存在的废弃能量流中回收相当于一桶油的能量，在需要的地方用来发电，比从圣芭芭拉海岸太平洋底深处的油井中开采这一桶油，经过精炼再运送到 3 000 英里以外要便宜得多。

　　把这个比方再引申一步，回想在欧洲探险家到达北美洲之前，这里并没有马。马起源于中亚和中东。后来，这些由阿拉伯进口的动物成为引领美国文化和经济不可或缺的组成部分。现在，在能源引领的 21 世纪，我们拥有跟马力时代同样的机会。依赖沙特阿拉伯的能源来维持现代经济运行的时代可以结束了。**我们已经在自己的国家拥有马力。**像上一个时代的农场主、邮递员和牛仔一样，我们需要的是学会如何去利用它。

第3章 设计经济桥梁

对于那些预计我们现在面临的气候变化将引起经济动荡的人来说，会自然而然地认为替代能源技术最终将提供代替化石燃料所需要的经济刺激是十分自然的。但是这里的关键词是**最终**。许多有远见的人没有意识到，在未来至少四分之一的世纪中，我们还无法摆脱化石燃料统治的经济，在这段时间里新产业的迅速发展对经济增长的驱动，比不上改进**现有**技术的使用方式来得多。在政治演讲中，老式燃煤蒸汽锅炉的形象不可能像闪闪发光的新太阳能发电厂一样，产生鼓舞人心的效果。但是在现实的工业世界中，如果进行了正确的改装，在未来十年里，老式燃煤锅炉获得的每一美元投资能够比太阳能发电厂提供更多新的无碳能源。

我们现在必须以最快的速度构建后化石燃料经济，一些进步的思想家和组织已经采取行动了，比如艾尔·戈尔的 Wecansolveit. org 网站。但是即使在最理想的情况下，这也需要相当耗时的研究和发展，以及大量的资本注入，而建造我们建议的能源过渡桥梁不需要那么多新资本。但是要在走向后化石燃料经济的过程中不至于陷入第三次世界大萧条，我们需要以新的方式利用原有技术。投资者和政策制定者必须把主要注意力放在从每单位煤炭、石油和天然气中获得更多的能源服务上，**同时**以最快的速度发展新能源产业。（化石燃料的既得利益者可能非常愿意引用前半句话。但是我们必须强调，把"主要注意力"放在有效利用化石燃料上的唯一原因就是要安全地摆脱它们。）

我们之所以将未来十年的能源政策描述为一座"桥梁"，原因在于成本问题。2008 年初，第二届布什政府决定通过到处撒钱的方式来刺激经济，寄希望于这样做能够提供一座桥梁，直到复苏的消费经济开始偿还刺激措施所花费成本的那一天。① 但是，经济并没有明显受到刺激。几个月后，整个金融系统需要一次资本输血，也暗含了同样的保证：当经济恢复稳定增长时这些钱能够被偿还。经济不会恢复增长的可能性根本不在考虑之内。布什卸任时经济危机正愈演愈烈，新的奥巴马政府用近万亿美元的《2009 年美国复苏与再投资法案》进一步提高了赌注。当时美国经济已经深陷衰退的泥潭，以至于这次新的国家债务扩张能否带来预期中的经济反弹似乎是个不合时宜的问题。情况糟糕到官员们不约而同地避免公开讨论未来几年这两方面到底还需要投入多少**额外**成本：（1）随着全球供应量开始减少，石油价格即将达到顶峰，而来自中国的需求还在上涨，其庞大的人口数量和人们对汽车的渴求加剧了这种上涨；（2）消除气候变化带来的损害。

令人担忧的是，研究气候变化的可能影响的经济学家几乎都同意，根据不同的模型假设，这些成本将使 GDP 增长减少 0.1%～1.5%。传统经济学家和物理学家对如何承担——或者应该如何承担——这些成本有很大的分歧。保守主义经济学家相信经济很快就会恢复增长的活力，使我们的子孙后代比我们更富有。他们认为气候行动的现值应该大打折扣，因为相对于未来我们更加富有的子孙后代，这些钱现在对我们的价值更大。他们说留着这些钱自由地用于消费和投资，比把它们投入到几十年以后才会产生收益的项目中要好。与仍然是主流的经济意识形态一致，他们还说现在由政府授权开展这些行动会阻碍经济增长，结果造成的 GDP 损失长期来看是比气候破坏成本更大的负担。

---

① 2008 年 2 月，Forbes.com 网站的一则新闻标题是"白宫报告称经济将在 2008 年重获健康"。2008 年 7 月，路透社的一则新闻标题引用了财政部长亨利·鲍尔森的话，"经济还需要几个月才能复苏：鲍尔森"。

　　气候科学家和环保主义者的观点则相反——未来气候破坏成本将非常巨大，必须立即采取行动来予以抵消。不过两个阵营都同意社会将遭受净损失。专家对我们应该如何在现在和将来之间分担成本有不同意见，但是很少有人寄希望于我们能够毫发无损地度过未来十到二十年。

　　本书作者持有不同观点。我们没有理由质疑 IPCC 对令人震惊的物理破坏的预测，他们代表了全世界每一个工业化国家顶尖气候科学家的共识。从上海、广州和达卡，到纽约、休斯敦和迈阿密这样的沿海城市，实实在在地面临着被淹没的危险，可能就在 21 世纪的某一天。这些超级大城市的人口是新奥尔良的 20 倍。马尔代夫、安达曼及密克罗尼西亚等低海拔的群岛几乎注定要遭遇灭顶之灾。全球大量人口的食品和饮水面临风险。天灾和疾病的双重打击可能带来史无前例的难民流，造成广泛的混乱和冲突。不过，最严重的破坏可能在过渡期（跨越经济鸿沟的桥梁）之后才会到来。现在的问题是当我们开始采取减灾行动时，未来几年的成本有多高。

　　我们不同意新古典主义经济模型的拥护者（如耶鲁大学的威廉·诺德豪斯）的观点，他们说任何类似政府强制减排二氧化碳的行为都将导致"无谓损失"，由于约束了"最优增长"路径而减少GDP。我们不同意某些经济学家（如伦敦经济学院的尼古拉斯·斯特恩）的观点，他们相信气候行动将导致每年 1% 或更多的 GDP 净损失。正如我们在本书引言中简要讨论的，我们认为经济最优路径这一数学上方便的假设与许多事实不符。我们认为在这一点上，明智的政府干预能够消除一些障碍，如垄断和"锁定"，使我们更接近最优，而不是更远离最优。我们的观点是，虽然我们可以将大量管理成本花在运行一个重新设计的碳排放交易系统上，将大量资本成本花在提升汽车生产的燃料经济性上，但是经济学家们**没有讨论**的那些战略只需要先期投入，就能实现足以抵消这些投入的节约。稍后我们将解释原因。首先，我们来看看美国要想安全地通过过渡桥梁，必须实施哪些再造战略。

双重红利

  过去30年里，许多美国人（不仅是社会名流和对冲基金经理）都抱着"以自我为导向"的金融健康和安全观，这使得经济效益的定义主要是从个人收入和财富的角度出发的。在公司里，这意味着高管获得最多的收益。在普通民众中，这意味着政府承诺从你口袋里拿走最少的钱。[①] 这种对个人收入的关注产生了一个紧迫的问题，评论家对此发表了发人深省的批评。但是除了几个著名的例外，比如奥巴马总统谴责华尔街高管在国家经济困难重重时领取巨额奖金——有效地奖励失败——从主流媒体和政治家那里，关于这种自我导向观点的最重要的问题（和批评）只得到了表面上的关注。

  例如，这里有经济学家所谓的"外部性"问题——交易中，这部分成本既没有由买家也没有由卖家支付，但是必须**有人**为此买单，无论是在交易中无利可图的第三方，还是尚未出生因而没有话语权的个人。举例来说，一个人因为呼吸柴油机卡车含有3-硝基苯并蒽酮的尾气而罹患癌症，其治疗成本就是一种外部性，既没有被生产柴油的公司支付，也没有被在加油站购买柴油的公司支付。不过这一医疗费被计入了国内生产总值（GDP），所以（在国民经济账户上）是一件好事。类似地，清理石油泄漏的成本，或者罪犯买枪花的钱都能增加GDP。问题在于虽然少数人从交易中获得了收益，但是其他许多人最终受到了损害。更高的GDP通常被视为国民经济的收益。我们和许多经济学家相信，是时候重新思考衡量福利的传统指标了。

---

  ① 2006年，即房地产崩盘的前一年，最富有的前1%美国家庭的税前收入平均每户增加了6万美元，而后90%的家庭只增加了430美元。当2007年经济进入下行通道，少数富人的收入甚至增加得更多，但是大多数人的收入下降了。

接下来的问题是为了即时的满足低估未来收益的价值。许多研究显示，在大多数人看来，即时的满足胜过空间和时间上更遥远，或者更不容易看到的收益。如果你有一笔钱，可以在今天购买一套促销的家庭影院，或者去拉斯维加斯度周末，同样这笔钱十年后可以给你的孩子交大学学费，你肯定不会选择后者。一个候选人承诺减税，另一个计划将税收用于维修老化的自来水管道，或者清理你看不见的受污染的土壤含水层，你无疑会投票给前者。

这种"以我为先"的观点倾向于为了个人利益低估社会利益。通俗心理学图书鼓励你"对自己好一点"、"相信自己"，或者告诉你"在爱别人之前必须爱自己"，比起建议你为了尚未出生的下一代人牺牲自己的利益，这样的图书更有可能成为畅销书。一个因为汽油涨价而生气的女人可能对美国汽车的二氧化碳排放率毫无兴趣，即使后者对她的健康和财富的影响，实际上比汽油价格的影响大得多。一个满脑子想着如何保护个人财产的人可能不会关心国家债务，即使这对他的长期财务安全可能造成严重的威胁。

如果我们从更广阔的视角来看待经济福利，那么它应该像包括个人利益一样包括社会利益，像包括竞争的利益一样包括合作的利益，像包括个人安全一样包括国家和社会的安全。如果我们希望针对气候变化构建真正的保护，更广阔的视角就是必不可少的，因为这种保护要求我们在史无前例的规模上广泛合作。亚马逊森林火灾对未来美国城市的危害与黑帮和恐怖分子一样大，甚至更大。如果一个政治家武断地把重要公共项目上的投资说成"政府从你的口袋里拿钱"，那他不只是在煽动，而是在欺骗。他不妨告诉你这笔钱用来给警察发工资了——当有个小偷从他口袋里拿走他的钱包而旁边没有警察时，他就会重新思考自己的结论了。

保守派经常以个人利益和社会利益是相互排斥的，增加一方的利益就必须减少另一方的利益为理由回避公共福利支出。例如，采掘业（采矿、钻探、伐木）在环保运动的早些年里广泛宣传这种

"零和"观点，声称花费在环境保护上的支出对经济有损害。在太平洋西北部地区，斑点猫头鹰成为拯救森林、反对大规模砍伐的象征，当地出现了这样的车尾贴："杀死一只猫头鹰，保留一个工作机会。"

自那时起，大量分析证实了一个不同的命题：保护环境（包括气候）不仅不会损害经济，而且对经济的运行至关重要。对于任何美国个人和企业来说，要在未来十年中不至于陷入贫困或破产的境地，就需要在保留利润动机的同时加强政府监督。作为个人，我们当然贪图个人成就、安全、自尊和追求幸福的机会，但是要使个人对自由和幸福的追求成为可能，我们就需要公共合作——保护我们不受抢劫犯、有毒污染、环境破坏、掠夺性贷款和气候灾难的伤害。

正是在这个背景下，我们识别出了一系列行动机会，它们可以带来分析家所说的"免费午餐"，不过我们称之为"双重红利"——这些行动能够带来缓解气候变化的社会收益和降低成本（或者提高企业收入和利润）的个人财务收益。在经济方面，一些行动实际上是"负成本"的，它们能够以一种实际上增加公司利润和国家 GDP 的方式减少碳排放。它们对国家经济的刺激有着更明确的目标，这是减税或人人有份的"刺激包"不可能做到的。

不是所有旨在减少造成全球变暖的碳排放和增进美国能源独立的气候和能源行动都能带来双重红利，不过其中相当大比例可以。所有这些行动加在一起，我们相信总的经济成本将比迄今为止的主要研究所预期的低得多。考虑到所有的收益，净成本甚至可能是负的，这主要取决于细节。（例如，国家或全球碳排放交易系统的管理成本要么很巨大，要么相对适中，我们将在第 10 章"政策重点"中讨论。）我们认为，从第 2 章"重获丢失的能源"中提到的能源循环利用的机会开始，本书提出的战略中大部分都能在建造过渡桥梁所需的非常短的回收期内带来双重红利。

对短期回报的需要是一个重要考虑，特别是在 2008 年美国总统大选中，各种模糊不清并常常带有误导性的声音甚嚣尘上之时。约翰·麦凯恩提出了一个包括开采石油、建设大量新的核电站和"清洁煤"工厂在内的加强版计划，他要求的行动需要 10～20 年才能产出新增能源。而且这个计划只会延长（因而恶化）美国对化石燃料的依赖，因为计划要求大规模投资于新的化石燃料基础设施，又需要而且只有下一代人才能折旧和替换。巴拉克·奥巴马宣布的计划似乎更明智，但是仍然依赖于那些速度太慢、成本太高、最终效率太低而无法帮助我们跨越鸿沟的战略。我们在下一节中列出的行动不需要那么长时间来实施，而且会逐渐减少而不是增加化石燃料基础设施。在接下来的章节中将做具体介绍。

能源过渡桥梁的主梁

我们设想，一个国家的能源战略应该包括八个主要组成部分。其中一个（提高消费品，包括汽车的能源效率）已经得到了媒体的密切关注。另外两个（提高建筑物和工厂的能源效率，以及分布式发电）已经得到工业、技术领域和学术文献的适度关注，但是很少有公开讨论。很少有人知道另外五个组成部分。不过所有这八个组成部分都在现实中被证明有效地应用着。不是在未来某个时候可能成功，也可能不成功的假想概念（如月球能源生产和冷核聚变）。八个部分中只有两个需要深度研发，即便这两个部分也已经马上能够投入使用。除了一个部分，其他七个都能在未来几年内获得回报。我们在本书中将对这八个部分进行详细的讨论，并相互参照：

1. 废弃能量流的循环利用——我们在第 2 章提到了印第安纳州东芝加哥的 Cokenergy 工厂，每年用自己的废热生产额外 90 兆瓦零排放的电力。约有 1 000 家美国工厂在以这种方式发电，总量达到 10 000 兆瓦。但是正如我们说过的，还有**十倍**的潜力没有被开发，在未来若干年内对这部分潜力加以利用，不会增加化石燃料使用，在大多数情况下也不产生二氧化碳排放。这种得到充分证明的方法能够在不燃烧化石燃料的前提下生产美国总发电量的 10%。

2. 利用热电联产（CHP）——我们在第 2 章中也介绍过这种主要方法，而且提到其大部分潜力还没有得到开发。在现行的电力系统中，三分之二的能量以低品位热能的形式浪费掉了。如果我们通过捕获和利用这部分热能来发电，就可以消除现在用来给住宅和建筑物供暖的大量化石燃料需求。与最终利用效率等其他主梁相反，这种选择从来没有被当选的官员们谈论过。在我们建议的所有行动中，这是政治上最困难的。但是双重红利的收益（对于几乎所有电力用户和呼吸空气的人来说）如此巨大，因此任何对过渡桥梁的重要性有清醒认识的政治领袖，都应该立刻把这个禁忌的话题纳入考虑范围之内。我们将在第 5 章"电力的未来"中讨论这个问题。

3. 提高工业过程和建筑物的能源效率——数以百计的美国公司已经通过改进生产过程和更新设备减少了能源使用（和碳排放）。如上文所述，一些改进产生了可回收形式的能量，不过许多其他改进减少了一次能源使用，或者更多的是减少了电力消耗。由于商业经济中普遍存在的两个错误认识，许多机会被普遍忽视了：（1）容易实现的节约都已经实现了；（2）进一步的努力不会物有所值。在第 4 章"看不见的能源革命"中，我们将说明这种投资毫无疑问是值得的。在许多情况下，投资回报来得既迅速又丰厚。未来 10～20 年，存在足够多的双重红利的机会来帮助我们跨越过渡桥梁。

4. 提高最终消费的能源效率——这是桥梁战略的主梁中广为人知的一个，已经朝着我们需要的方向迈出了令人鼓舞的第一步。节能灯、混合动力汽车、节能家电、双层窗户等已经成为主流。它们并没有显著减缓全球二氧化碳排放，不过这一观察没有考虑到如果没有这些改进，现在的排放量会是多少。美国在这方面仍然有很大的潜力可挖。因为消费者的努力已经在其他媒体上得到了广泛的宣传，我们这里只做简要介绍，主要是肯定其重要性，提升公众意识，告诉人们桥梁要发挥作用，其他的主梁也必不可少。有必要强调，在这个领域内消费习惯的改变非常重要（见第 6～第 8 章），但这只是个开始。

5. 启动微发电革命，或"屋顶"革命——打破公用事业在供电上的垄断，进一步发展热电联产，是这一主梁的基础。不过在行使公共职能的大型公用事业与由私人家庭和小企业组成的本地小型设施之间，存在着根本性的差别。由单个家庭、办公室，甚至车船进行小规模发电今天看来似乎遥不可及，但是回忆一下，几十年前同样无法想象每个家庭都拥有电脑。今天的大型中心发电厂，以及它们遍布全国森林和农场的泄漏能量的电线，就像是 20 世纪 60 年代体积庞大的大型计算机。正如我们将在第 5 章谈到的，电力生产已经处在革命的边缘。

6. 用能源服务代替能源产品——在现实的能源经济中，美国人、欧洲人和亚洲人想要的不是煤炭、石油或天然气，而是光、热、移动性、通信和娱乐。我们需要的不是能源本身，而是能源所提供的服务。例如，很少有人需要汽油，但是几乎每个人都需要移动性。在有些情况下，我们要求的服务能够以更少使用，或者不直接使用化石燃料的方式提供。我们将在第 8 章和第 10 章讨论这个问题。

7. 为应对气候变化重新设计城市和建筑物——这一主梁需要很长时间才能建成，但是尽快开始非常重要。现在建设的住宅已经有可能使每个家庭平均只需要很少的能源。德国和其他工业化国家已经有成千上万的家庭正在这样做。很快，城市居民也能在实际移动性得到改进的同时，显著减少他们花在交通上的能源数量。我们还需要为海平面上升和风暴潮加剧的严酷现实做好准备，全世界数以百计的沿海城市、三角洲和沿河城市开始将低洼地带的居民迁移到高处。显然，未来半个世纪的大规模重建将为更紧凑的城市设计提供机会，由此提高能源效率和生活质量（参见第 8 章）。

8. 改革水务管理战略——现行的供水系统用水泵长距离引水，或者将水从山脚抽到山顶、从深井抽到地面，需要使用大量能源。供水已经成为用能大户，供水基础设施是在低能源成本的时代建设的，所以从来没有考虑过替代战略，现在我们有机会显著减少其中的燃料使用（参见第 9 章）。

为什么有禁忌？

这个组合阵容（或者近似阵容）不仅能够提供所需要的过渡桥梁，而且可能是唯一安全的战略。正如上文提到的，大部分主梁还没有进入公共讨论。2008 年美国总统大选期间，参议员麦凯恩在他的竞选演说或政治辩论中没有提到过其中任何一条，他所有与能源有关的言论都是关于新能源供应的。参议员奥巴马只提到了少数几条，著名的有汽车的能源利用效率。值得肯定的是，两人都与副总统迪克·切尼噩梦般的能源政策划清了界线，切尼对效率和气候变化都不屑一顾。但是选战双方都反映出大众媒体对新供给的强调，与时俱进之处只不过在于呼吁由风能和太阳能来提供这部分新供给。没有人清楚地阐明我们需要在供给的鸿沟上架设桥梁的现实。奥巴马当选后，除了将一部分刺激投资分配给改进能源效率，没有什么迹象表明现存系统中的障碍和堵塞得到了重新考虑。

关于即将到来的气候和能源危机，主流的公共讨论包含了一些巨大的盲点，甚至禁忌：

● 没有人意识到**一次能源供给的数量与能源服务的数量是不同的**。一桶油产生的有用功可以很大，也可以很小。

● 没有人指出**一套过时的法律保护着一套过时的电力系统**，如果对其进行改革，能够在减少燃料使用和碳排放的同时提高产出。

● 没有人唤起对即将到来的"石油峰值"的挑战的关注。虽然有几本关于这个问题的通俗读物（和许多学术书籍），而且能源专家和博客对此进行了广泛的讨论，但是处于经济危机早期阶段的媒体却没有——一旦经济增长开始恢复，石油峰值可能立刻就会发动攻击，带来物资短缺、物价飞涨，以及普遍的经济和政治崩溃。

● 最后，没有人指出 2008 年开始的经济衰退与以前历次经济危机有着本质上的区别——我们真正站在了悬崖边，而且我们必须依靠石油或天然气来源之外的其他新的东西建造起一座桥梁。

为什么有禁忌？这一点都不神秘。媒体方面不言而喻的政治权宜（大部分媒体严重依赖汽车、房地产和其他依赖化石燃料行业的广告收入），加上经济系统技术层面上的复杂性，消除了对这些令人不快的事实的讨论。任何政治家要想触动石油、天然气、煤炭、石油化工、电力公用事业，以及汽车、飞机和农业综合企业等依赖化石燃料行业的利益，都要冒政治生涯赖以存续的财务生命线被切断的风险。到 2008 年，呼吁增加对风能和太阳能的投资是相对安全的，但是向汽车统治的交通运输业和电力垄断公用事业发起挑战并不安全。

至于那些没有讨论的巨大机遇，如提高工业生产过程的能源效率，问题太复杂了，无法被压缩成一份摘要。材料加工和制造业中有无数种消耗能源的操作，大多数都在公众的视线之外。在 2008 年的总统大选中，约翰·麦凯恩为了拉拢工人阶级的选票，多次提到"管道工乔"的工作。每个人都知道管道工是做什么的，但我们可能并不知道在那些没有窗户的墙壁后面，数以百万计的工人在成千上万个消耗化石燃料、排放温室气体的工业生产过程中都在做什么。大多数操作都是在能源很廉价，并且不是企业管理的主要因素的时代设计和确立的。我们可以对绝大多数操作进行重新配置和重新设计，从而减少能源使用和碳排放，经理们只要稍做停顿就能看到其中巨大的潜力。

第4章 看不见的能源革命

2008 年 6 月，在金融部门变成"火车残骸"几个月前，美国媒体上铺天盖地的都是能源价格飞涨，以及全球能源供求差距扩大的新闻。电视上汽油价格每天晚上都是新闻的头条，偶尔插播中西部地区最新天气灾害的画面。布什政府的官员们公开表达对 OPEC 漠视美国需求的愤怒。① 在一次电视访谈中，保守派新闻主播肖恩·哈尼蒂对自由党参议员芭芭拉·博克瑟说，过高的天然气价格已经让美国人陷入可怕的困境，看护人员已经无法照顾好他们服务的对象了。博克瑟回答说，布什政府让经济趋于崩溃已经有七年半了，这只不过是结果之一。哈尼蒂回击说："但是**你**会怎么做？"她没有回答这个问题。共和党政府的能源战略显然是个灾难，但是民主党是否有其他选择还不清楚。

在这种无意义的交锋中，政治家和专家都没有意识到美国能够从现在消费的每一桶油中获得更多能源服务的可能性，更多的供给不是**必需的**。如果我们能够找到一种方法使经济的能源效率加倍，对经济产出的影响与能源供给加倍是一样的。效率从来没有成为头条新闻。不过在哈尼蒂—博克瑟访谈之前一个月的 6 月 15 日，美国能源效率经济委员会（ACEEE）发布的一份分析显示，尽管美国的

---

① 奥巴马说如果他当选，他就要与那些外国"暴君"举行会谈，布什总统轻蔑地批评了这一言论。但是就在同一个月，他飞到沙特阿拉伯与沙特国王阿卜杜拉——即使不是个暴君，也是个著名的独裁者——讨论为美国开采更多石油的问题。新闻画面中，布什带着一脸尴尬的笑容，与国王手挽手地出现在典礼上，像个被要求穿着裙子登上舞台的 12 岁男孩一样局促不安。他的表现传递了这样的信号：为了更多石油，我们做了我们必须做的。

能源服务消耗在过去 38 年里大大增加，但是**能源效率的改进提供了消耗量增长的四分之三，新供给只提供了四分之一**。"这才是美国能源产业兴旺发达的不为人知的原因。"ACEEE 的经济分析主任约翰·莱特纳说。在他们激烈的辩论中，哈尼蒂和博克瑟应该想一想，通过提高能源效率能否真正**减少能源消耗**，这是一个关键问题，但他们两人都没有提到。

媒体没有对 ACEEE 的报告做出反应，或许是因为它们很困惑。几十年来，美国经济一种既定的趋势是能源**密集度**的长期下降，即生产一美元产出所需要的能源数量持续下降。ACEEE 在其出版物中指出，在过去 38 年里，每一美元 GDP 的能源消耗显著下降，从 1970 年的 18 000 英热单位（Btus）/美元下降到 2008 年的 8 900 英热单位/美元。更高的能源效率是密集度下降的原因之一（每单位功使用的能源输入更少，使得每单位能源的经济产出更高）。但是其他活动，包括炼铝等能源密集型产业的出口，也是密集度下降的原因。在能源消耗总量增加的情况下，如果 GDP 以更快的速度增长，能源密集度仍然可以下降。报告作者应该发现这并非虚言。

媒体没有注意到效率因素的巨大规模——占据了四分之三的比例。到 2008 年，布什—切尼政府一直认为与新供给相比，能源效率只有边际价值，因而对其不屑一顾，不过真正的新闻是记者们所说的"隐藏头条"——一个故事最重要的信息在它的第 17 段，大部分读者都没有注意到。过去对美国能源趋势的研究中，效率的角色从来没有跟密集度明确地区分开来。现在 ACEEE 所做的事情被称为"对美国能源效率隐藏的整体影响的首次定量分析"。这份报告题为"美国能源效率的市场规模：完整的画面"，报告总结说："我们的国家没有意识到能源效率在满足能源服务需求中的角色……通常，效率的贡献仍然是看不见的。"

不过，ACEEE 报告的语气既不是辩护的也不是颂扬的。在我们一生中看到的划时代的新闻报告中，很少有这样恼人地混合了好消息和坏消息的。好消息是美国已经发现了许多额外的石油和天然气来源，从而为向后石油经济转型争取时间——如果能够加速利用这些来源的话。"现在我们可以选择和投资于许多具有成本效益但未充分利用的技术，（ACEEE 和其他人的）许多研究指出，美国可以在未来20～25 年里具有成本效益地将每一美元 GDP 的能源消耗降低20%～30%。"报告总结道。如果我们提出的能源过渡桥梁的所有八道主梁都付诸实践，那么我们甚至能够做得更好。

坏消息是如果更有效的能源服务是需求增长的主要驱动力，正如我们在本书开头提出的，那么更高的效率实际上是过去 38 年，以及更长时间里消耗增加的主要原因。如果事实真的如此，未来更高的效率增益将会加速经济增长，而且如果过去的趋势延续下去，更高的增长将通过更多的一次能源消耗来实现——在未来若干年里，这意味着消耗更多的石油和天然气。现在的挑战是打破这种连接。把效率增益当成能源的一种新来源是一种耍小聪明的，甚至危险的想法，尽管有些人已经在这样说了。

要克服的一个难题是效率很难衡量，而且很难在效率与能源需求和经济增长之间建立起联系。"在许多方面，效率资源和投资都很难被观察、计算和定义，因为它们代表了我们**没有**为满足能源需求而使用的那部分能源。"ACEEE 报告的作者卡伦·埃哈特和约翰·莱特纳写道："而我们没有使用的能源几乎默认地成为了我们看不见的能源。"对于我们看不见的东西，我们就不去衡量。另一个更严重的危险是更高的效率通常会导致更低的成本，而更低的成本通常导致需求增加。这个现象被称为"飞去来器效应"，并且成为政策制定者一开始拒绝关注效率问题的理由之一。

但是飞去来器效应实际上发生在能源服务，或者我们所说的有用功的成本上。更廉价的服务会刺激对这些服务的消费。在整个经济中，更廉价的服务会继续驱动以对这些服务的消费来衡量的经济增长。我们面临的挑战显而易见：能源服务必须持续变得更便宜、更迅捷，即使一次能源正在变得更昂贵。提高效率对于实现这个目标是必不可少的。ACEEE 报告暗示过去的效率增益还不**够**快，它们只贡献了消耗增量的四分之三。未来，我们需要以更快的速度改进效率，达到服务消耗增量的 125％。我们提高效率的速度必须快到足以克服飞去来器效应，从而实际**减少**一次能源消耗（或者至少是碳基燃料消耗）。幸运的是，这种效率增益是我们力所能及的。

这种效率增益的潜力被严重低估，原因之一是普遍存在的假设：虽然过去效率增益是一件好事，但是最容易的效率改进都已经完成了。好像效率本身是一种有限的资源，我们已经快要将其耗尽了。这种观点并不新鲜。美国国会原子能事务联合委员会在 1973 年召开能源听证会，要求向国会和公众提交一份现状报告。最终报告《了解国家能源危机》提出了一套三维"能源显示系统"，其图形化令人印象深刻，但是缺少科学解释。这份报告在美国得到了广泛传播。

什么是国家能源危机？根据报告作者杰克·布里奇斯的观点，是对电力的需求超过供给，因此需要建设数以百计的新核电站。这种观点反对依靠效率增益。讽刺的是，1973—1974 年的能源危机解决了眼前的问题（跟 2008 年经济危机的恶化阻止了汽油价格的上涨很相似），结果导致预期的电力需求增长率急剧下降。这些新核电站中大多数都不再需要建设了。但是布里奇斯的观点中最有趣的部分在于他对能源效率的计算。布里奇斯称美国能源利用的整体效率接近 50％，却没有任何令人信服的解释。这个数字看起来非常不真实，本书作者之一（罗伯特·艾尔斯）在物理学原理的基础上重新进行了一次计算，发现这些年间（不考虑之前提到的有效负荷效率）美国真正的能源利用效率实际上只有 10％左右。两个数字相去甚远，布里奇斯的数字太大了，我们不得不暂时离题对其稍做解释。

能源效率是一个模糊的概念。表面上，它就是输出与输入之间的比率。如果输入和输出都是以同样的方法衡量同样的对象，这当然没有问题。但是，在能源的问题上不是这么简单，因为正如热力学第一定律的解释，"能量"实际上是一个守恒量。守恒并不意味着不会耗尽，而是说从任何一个物理过程或转换中流出的能量总是等于流入的能量，没有增加或减少，所以根据定义，转换效率一定是100％。因此，布里奇斯的文章和最近维基百科的页面（以及几乎所有关于能源的公开讨论）的第一个问题就是，这些讨论实际上不是关于能量的，而是关于**有用成分**的，人们讨论它，却没有定义它。不过，关于有用能有一个技术定义，即能够做**有用功**的能量。这个技术名词就叫"可用能"（exergy）。

　　衡量能源效率的简化的"简单比率"与衡量真实输出（可用能）的技术指标之间的差别被普遍忽视了。例如，燃气热水器或其他家用电器的广告中说的能源效率就忽视了这种差别。一家公司会声称它的热水器效率为85％，因为燃烧器85％的热量都进入了水中，只有15％"从烟囱飘走了"。可以说这种算法没有错，但它是一种误导，因为**它错误地暗示（在做功方面）低温热与高温热一样有用**。加热器中的火焰温度非常高，在绝对零度以上1 800开氏度，但是流出的热水温度只比室温高几度（大约为绝对零度以上300开氏度）。

　　幸运的是，所有燃料和其他物质的可用能含量（每千克）都是已知的，可以在标准的参考书中找到。输入（如天然气）的可用能含量很高，因为其在高温上燃烧，但输出（热水）的可用能含量很低，因为它只比室温高一点（与火焰的温度相比）。因此，燃气热水器真正的可用能效率很低，因为火焰产生的热量所能做的功，远比你洗盘子或淋浴用到的多得多。实际上，**热水器浪费了气体火焰与热水之间绝大部分的温度差**。从可用能的角度，热水和暖气系统的效率只有5％左右。从这个角度，同样的问题也适用于布里奇斯所有的计算。

我们将在本书末尾的本章注释中进一步解释，布里奇斯的报告与燃气热水器的销售部门一样，得出的结论忽视了热力学第二定律。这条定律说我们生活在一个可用能不可避免减少的世界中（通常称为**熵增**）。当热量从火焰传递到水龙头，火焰中大部分可用能损失掉了。但是 1972 年布里奇斯的报告和热水器宣传册都没有提到这一点。结果，这种误解不仅存在于家用电器广告中，而且蔓延到整个经济。这也成为布什—切尼政府和媒体坚持认为进一步的效率增益潜力有限的原因之一。他们认为美国在这条战线上已经做得足够好了。实际上，过去不是，现在也不是这样。进一步的改进空间不是很小，而是很大——正如罗伯特·艾尔斯在 1976 年提出，以及ACEEE 报告在 32 年后确认的一样。即使在 ACEEE 报告的巨大增益之后，我们估计今天美国的整体能源效率仍然不超过 13%。（相比之下，日本的能源效率超过 20%。）

这段历史以及我们将要介绍的内容的重要性在于，现在美国产业、机构和社会面临着提高能源（可用能）效率，同时大幅度削减能源成本和温室气体排放的历史机遇。这听起来有点像"免费午餐"，让人不免怀疑。我们承认，在这个充斥着公司欺诈、身份盗用、虚假信息的时代，美国人对免费午餐的警觉是合乎情理的。世上没有免费的午餐。诚然，如果经济是从零开始的，根据诚实完备的会计准则，进入其中的一切都不是免费的（以可用能的形式）——甚至水和空气也不是。但是如果从已经投入了大量资本，但是运行效率只有 13% 的现存的能源经济开始，然后不花费净成本地将这一绩效提高到 20% 或更高，那么这部分**从你开始的地方衡量**的增益实际上就是免费的午餐。如果你经营一家企业，设法在**提高收入的同时改进效率**呢？那么这不是免费午餐，而是像落基山研究所的埃默里·洛文斯说的那样："有人付钱请你吃饭！"从经济角度，改进是负成本的。在公司层面上，这是一种非常好的改进，有些情况下甚至是暴利。在国家层面上，在不增加资源掠夺的条件下实现了经济增长。这正是美国现在要把握的黄金机遇。

有利可图的新实用主义

是什么导致了ACEEE指出的"看不见的能源"激增？实际上，36年里从10%到13%的效率增长算不上激增。但是即使这个数字也满足了能源服务新需求的四分之三。接下来的问题是，真正的激增能做什么？

迄今为止取得增益的原因可以总结为一个词：**投资回报**。一些回报可能非常惊人。俄勒冈州的一家公司，SP新闻纸公司2006年发现，可以通过增加再生纸的使用量，代替纸浆生产来减少能源使用。改革花费了公司670万美元，但可以使工厂的能源支出每年减少280万美元——回报期不到三年，在那以后将实际提高利润。公司现在每年节约的能源足够为5 800个俄勒冈家庭供电。

同年，俄亥俄州的辛辛那提大学为600万平方英尺的校园更新了照明设备，总共耗资975 793美元，带来的能源节约将近2 900万千瓦时，每年为学校削减的能源成本超过130万美元——回报期约为九个月。收回投资后，学校每年节约的成本足够为25名学生发放全额奖学金。（考虑到后来经济萎缩的压力，我们怀疑节约的成本是否会实际用于这个目的。）这项工程还减少了5 200万磅二氧化碳排放，减轻了辛辛那提地区对全球变暖的影响。在爱达荷州，辛普劳公司的马铃薯加工厂发现，通过安装配备了另一种控制器的新型燃烧炉，并重新设计燃烧过程的供气系统，工厂能够提高运营效率，每年节约329 000美元能源成本。这项改进的回报期是14个月。

像SP新闻纸公司、辛辛那提大学和辛普劳公司所做的那样，通过小改变获得额外的利润和良好的公共关系，并不需要火箭科学。它们没有向经济的基础结构发起挑战，那是另一回事。结构变革的影响会更大，我们将在后面的章节中讨论。不过与此同时，各行各业的适度改进能够积少成多，因为它们不仅能够提高国家的公司利润和经济产出，而且开始使企业文化发生改变。如果更多的美国人意识到环保主义不是"抱树者"的特殊兴趣，而是经济稳定的重要基础，通往可持续经济之路的最初几小步，就能使大幅度跨越在政治上变得更容易，我们很快就会需要这样的跨越。

追寻黄金之路上的障碍

有可能通过变革同时削减能源使用和提高利润的发现，可能在美国的产业经济领域掀起新一轮的淘金热。不过，这并不意味着途中不会遇到重大的阻碍。在 1849 年加州的淘金热中，淘金者不得不翻山越岭，循着危险的道路前进。其中一条道路从今天的斯阔谷直抵奥本市，蜿蜒穿过 100 英里的旷野，勇敢的徒步旅行者将穿越 2 000 英尺深的峡谷，在同一天经受齐膝深的积雪和 110 华氏度的高温的考验。那些淘金者中，有些人没能走到目的地。这条路会经过偏远的鬼城——"最后机会之谷"*。对于许多美国企业来说，未来几年是真正意义上的最后机会。

一个危险是即使我们能够证明"气候行动将会损害经济"的口头禅是错误的，而且经济存续要求迅速和大量地投资于向后石油时代转型的技术和基础设施，我们也不会有意愿投资于那些在未来 10～20 年里看不到回报的保护措施。对于那些龙卷风和飓风没有刮到家门口的普通美国人来说，世界看起来正常而稳定。因为埃克森-美孚、壳牌和 BP 公司的宣传工作干得很漂亮，它们告诉我们脚下还有一个"石油的海洋"，不是每位经理都相信在工厂进行节能改造是一件重要的事。一些人回忆起 20 世纪 70 年代的高油价引起一片恐慌之后，80 年代油价下跌到 10 美元/桶，而类似的恢复在 2008 年底也发生了——甚至恢复得更快了。美国节能联盟对经理们态度的一

---

　　* 1864 年夏，四名淘金者在蒙大拿州海伦娜地区的最后机会之谷发现了金矿，引来众多淘金者。——译者注

项研究显示，许多经理相信节能项目只是"技术层面"的问题，最好留给工程师来做，且不是企业战略的重要方面。①

我们能够想到，人们抗拒公司层面上任何重大变革的一个相关原因是，即使他们能够看到未来的结果，个人对权力、控制和自我价值的依恋也会超越本来就很稀薄的代际责任。一位 60 岁的 CEO 可能还能活 20 年。如果他有大量过剩的个人财富，他可以将自己和家人隔离在气候变化早期破坏的范围之外。他退休后可以在高海拔的地方买一座带门禁的房子，雇用保安，即使价格达到每加仑 20 美元也买得起足够的汽油，每磅 100 美元也吃得起牛肉。如果他不想为将会比他多活一二十年的我们做任何事，他就不需要做。一些 CEO 似乎根本不在乎。对他们来说，通过升级商店或工厂的照明系统来提高效率这样的常规改进，根本就没有出现在他们的议事日程上。

还有一部分阻力可能既不是意识形态僵化也不是个人短视的结果，而是来自企业经理对于效率到底是什么，以及他们能够如何提高它的误解。例如，上文提到的对经理反应的研究指出，许多公司领导者由衷地相信他们的设备已经足够高效了。部分误解来自美国节能联盟所说的"制定能源决策的过时范式"。许多今天的工业组织"继续以与 20 世纪 80 年代同样的方式管理能源使用和能源成本，而那是一个燃料价格低廉、公用事业受到管制的时代"。过去范式的主要特征是三种观念：

　　1."能源不是我们的核心业务。"能源只得到边缘的注意力和预

---

①　这份报告题为"经理对能源效率的反应"，其中写道："虽然经理们有着非常强烈的能源价格意识，但他们通常对能源消耗却并不关心。这就是为什么能源效率经常被委派给工厂的工程师和专业维修人员来负责的原因。他们寄希望于技术人员能够在其被授权的领域内提供技术解决方案。工程师当然关注技术和硬件，运营经理或产品经理则负责监督直接影响能源消耗的日常行为和程序。采购主管通常在购买的直接成本，而不是整体运营成本的基础上制定设备购买决策。遗憾的是，这种对能源成本控制的不同解释加剧了部门之间的'地盘'问题，阻碍了组织提高能源效率所需要的合作。"

算资源，是与它作为一种支持（或次要）功能的地位相当的，它不是一种产品的可控成本，也不是可以回收的收入来源。

2．"低燃料价格是解决方案。"把任务交给采购经理，或者间接地交给政府，以获得尽可能低的燃料价格。

3．"你是工程师，你来解决！"

这些误解可以帮助解释为什么在30年以后，仍然只有少数美国企业充分利用了效率储备。客观来看，考虑到在 ACEEE 研究涵盖的38年间，美国在能源效率上的投资约为 3 000 亿美元，其中大部分（29%）用于家用电子产品和家用电器，超过了对工业运营（25%）的投入。美国工厂和炼油厂还有很长的路要走。

阻力通常与这些因素的组合有关：经理可能充分意识到了能源效率是企业绩效中一个正在增长的因素，但是相信他自己的公司已经走在了前沿，或者他杰出的工程师能够解决任何与能源有关的小问题。他可能关心自己孩子的未来，但是现在他们生活在各自的世界里，他可能不愿意牺牲太多他已经赢得的愉悦和享受——包括继续在资本主义的游戏中获胜的至高享受。他可能还坚定不移地相信他的孩子会比他更富有，他们终生都将成为更大的技术进步和经济增长的受益人，因为普遍流行的经济信条就是这样告诉他的。不管人类活动导致气候变暖的证据多么充分，无论我们对主流经济信条的反驳多么有力，许多 CEO 和其他掌握我们航线的人就是会拒绝采取激进的变革。埃克森-美孚、爱迪生国际、"清洁煤"的说客，以及那些认为地球诞生于 6 000 年前，当时上面就有煤的人们都在其中。当我们准备建造通往后石油时代未来的桥梁时，我们就卷入了战斗。

不过，诸如 SP 新闻纸和辛普劳公司等企业的经验提供了一种战略，能够缩短这场战斗。主流经济学家仍然坚持这些例子是例外，因为他们的理论说，如果显著增加利润的机会真的存在，理论上的自由市场经济中的企业家马上就会发现它们。所以免费午餐不可能存在。"低挂的果实"会被摘走。[①] 如果我们能够证明这样的机会不是例外，而且实际上无处不在，收益递减的速度也不快，我们就能在与石油峰值和气候变化的赛跑中争取到宝贵的时间。如果我们能向更广泛的公众展示，全国各地的企业都能在一两年之内通过变革减少能源使用和提高利润，即使那些最顽固的反对者也会被吸引。即使在那些关心自己的舒适程度胜过关心下一代的人那里，快速的投资回报也只会招致较少的反对。至于那些仍然坚信下一代能够自己照顾自己，并且比我们做得更好的人，他们应该不会反对几乎立刻就能得到回报的行动——无论是这一代人还是下一代人。如果说过去 30 年里，美国企业中的一小部分实际上从每桶油或每吨煤炭中实现了双倍的经济产出（ACEEE 报告的能源密集度的一半），试想当成千上万的反对者都加入进来，影响将有多么巨大。

消失的果实之谜

经济学家关于低挂的果实会迅速消失的论点是一个非常有说服力的比喻，但是它在现代工业经济中不成立。果园是静止不动的，但是大多数工业运营是移动目标，不断地引入新流程、新实践和新设备。加工厂、炼油厂和其他工厂具有高度的动态复杂性。一项生态修复可能创造新的节约机会——特别是有了先进的传感器、自动控制系统和其他能源追踪工具之后。

有时候新结出来的低挂果实来自传统经济学家称为外部性的技术发展。例如，近年来计算机的更新换代以指数方式减少了能源消耗。1996 年，英特尔第一台运算能力达到每秒钟万亿次的超级计算机耗能 500 000 瓦。到 2007 年春天，这家公司生产的具有同等运算

---

① 关于这种观点的批评有一个笑话，一个人和一位新古典主义经济学家朋友一起走过人行道。这个人看到地上有一张 100 美元的支票，打算弯腰捡起来，但是经济学家朋友说："别麻烦了——如果是真的早就被别人捡走了。"

能力的硬币大小的芯片耗能只有 62 瓦。在前面关于经济增长理论的讨论中，这种"技术进步"不仅是小型化和运算速度方面的巨大进步，而且使得特定能源服务所使用的**能源变得更便宜**。经验表明，致力于寻找和开发这类新机会的公司最后总是能找到。

自从 20 世纪 70 年代起，这一现实就被记录在案，当时正在兴起的环保运动，以及新出台的《清洁水和清洁空气法案》，让美国工业界面临着减少向公共环境中排放大量有毒废物的压力。公司需要记录它们为了清洁环境所做的任何改进。结果，我们现在有数以百计的成功故事。这种记录的初衷更多是关于污染而不是能源消耗问题的（随着汽油价格下降，20 世纪 70 年代的石油危机很快就被遗忘了），但是能源效率和减少废弃物密切相关。而且，废弃物在生产链条中能够被越早阻止，努力就越成功，因为比起在烟囱口捕捉，或者更糟糕的，等它扩散到空气、水或土壤中以后再去清除，预防污染的成本更低。许多公司开展了"预防污染"的项目。它们的经验证明，从一开始就预防污染的措施的确能够减少能源使用。这些项目说明了工业生态学中的一个基本原则：一项通过回收废弃物——包括其废弃能量流——来模拟自然的运营向环境中排放的废物更少。

最早采用这一原则的大型公司之一是明尼苏达州的 3M 公司（前明尼苏达采矿和制造公司）。1975 年，3M 公司开展了其 3P 项目［"污染防治有回报"（Pollution Prevention Pays）］。在随后 20 年里，该公司开展了 5 600 个内部项目，累计减少工业废物超过 100 万吨，为公司赢得了超过 10 亿美元的投资回报（正在产生的回报没有计算在内）。

20 世纪 80 年代，世界最大的拼块地毯制造商，位于亚特兰大的英特飞公司开展了一项运动，目标是跻身第一批具有环境可持续性的公司之列。1994 年，英特飞的创始人雷·安德森"顿悟到现行商业体系正在对地球生态造成巨大的破坏"。1996—2006 年间，他的公司将固体废物减少了 63%，温室气体排放减少了 46%，通过这些努力，将每单位产品的能源使用减少了 28％。

与此同时，在科罗拉多，康胜啤酒酿造公司在其啤酒罐上改用
UV 印制的涂层，不再使用挥发性有机化合物（VOCs）的溶剂。这
项改革显著减少了公司的危险废弃物，还显著减少了能源使用，因
为康胜公司在加工啤酒罐时不再需要大型燃烧炉。

其他大公司也通过减少污染削减了能源使用。2000 年，联邦快递
开展了一项旨在减少车队碳排放的运动，转向使用特殊设计的混合
动力卡车。到 2006 年，约有 75 辆这样的新卡车投入运营，每辆可
以减少 96％的煤烟排放和 65％的一氧化氮排放，并使燃油效率提高
57％。公司的目标是尽快更换整个车队的 30 000 辆卡车。

无数这样的案例被记录在案，其中许多很快就能收到回报。**而
这样的案例还可以有更多。**新古典主义经济学家可能很难相信，许
多项目是由政府发起的，无论是通过激励的胡萝卜，还是管制的大
棒。一旦启动，项目就能持续地增加利润。例如，美国能源部 2008
年的报告称，其"节能从现在开始"运动对 543 家工厂进行了评估，
能源部的技术人员进入这些工厂，帮助它们进行技术改造，过去三
年里这些改造总计节约了 7.06 亿美元的能源成本。通过改造，工厂
削减的天然气消耗足够 100 万个家庭使用一年，减少的二氧化碳排
放相当于 120 万辆汽车的尾气排放。

纽约州能源研究和开发署（NYSERDA）是一个成立于 1975 年
的公益组织，2008 年，该组织报告称，自 1990 年以来，其研发项目
已经成功地使超过 80 种节能产品或工艺流程投入使用。例如，格伦
斯·福尔斯的 Ames Goldsmith 公司提供了全美国 96％的氧化银和
12％的银制品，公司开发了一种新的工艺流程，从用过的铝催化剂
中回收银。这项创新使公司的水和能源消耗减少了 33％，在使产能
提高 50％的同时每年为公司节约 130 000 美元。在另外一个案例中，
纽约州塞尼卡·福尔斯的 Gould's Pumps 公司关心其挥发性有机化
合物（VOC）产出，这些物质对员工和公众都是有毒的。35 年来，

Gould's公司一直在其工业水泵表面使用溶剂型涂料（与康胜公司在其啤酒罐上使用的类似），每加仑这种涂料中的 VOC 含量超过 5磅。在 NYSERDA 的帮助下，Gould's 公司与雪城的 Strathmore Products 公司合作开发了一种水溶性涂层，将 VOC 含量减少到每加仑 1.7 磅。接下来，它又与纽约的玛尔塔最优空气公司合作开发了一套表面快干系统。这项改革每年为 Gould's 节约了 183 000美元的能源消耗，同时由于产品质量得到改进，销售收入增加了800 000 美元。到 2008 年，NYSERDA 已经为超过 400 家公司提供了节能增收的帮助，这里提到的只是凤毛麟角，但是足以说明这样的机会非常多。ACEEE 在 2008 年关于美国能源效率看好的里程碑式的报告中指出，仅 2004 年，效率改进技术就在建筑部门节约了1 780亿美元，在工业部门节约了 750 亿美元，在交通运输部门节约了 330 亿美元。

消失的回报之谜

美国企业不仅受到能源效率只是一种边际资源的普遍信念的拖累，而且由此衍生出来的观点认为，即使企业能够发现这样的效率增益，它们也只是"一次性的"，由于收益不可避免地递减，针对这些增益的投资在长期是划不来的。理论上，理性的战略无疑是首先选择最好的，无论是油田还是金矿。但是理论的缺陷在于，事先几乎不可能知道哪个机会是最有利可图的。在现实中，首先选择的往往是那些最容易和最显而易见的。

我们发现，陶氏化学公司 30 年前发起的一个项目很好地说明了这一点。1980 年，陶氏路易斯安那分公司（陶氏的一家工厂坐落在这个州所谓的"癌症走廊"地带）的一位名叫肯尼思·尼尔森的工程师向他的经理建议开展一次内部竞赛，寻找通过改进制造流程的能源效率来减少工厂的化学废料的方法。经理批准了他的建议，同意为任何成本在 200 000 美元以下，并能在一年以内收回这些成本的项目提供资金。第一年，公司的中层工程师们提出了 39 个项目，其中 27 个获得了资金，总成本 170 万美元。到了年底，这些项目的总投资回报率（ROI）为 173％——回收期约为七个月。

　　竞赛继续进行，与华盛顿的经济学家们预期的相反，第二年回报并没有减少，实际上还**增加了**。陶氏公司将这个项目命名为 WRAP［"减少废弃物总有回报"（Waste Reduction Always Pays）］，而它在接下来的十多年时间里一直名副其实。在第 10 年，工程师们开展了 108 个新项目，一年期的平均 ROI 为 309％。第 11 年，他们开展了 109 个新项目，平均 ROI 为 305％。第 12 年，有 140 个项目，达到了历史新高，平均 ROI 为 298％。第 12 年，项目带给陶氏的利润比之前 11 年中的任何一年都要高。但是就在第 12 年之后，给陶氏带来超过 10 亿美元额外利润的 WRAP 项目被粗暴地终止了。**为什么？**

　　一个答案是高级经理的风险和回报系统鼓励增长，而不是效率。并非每家公司都是如此，因为美国公司已经分成了两派，一些公司现在开始真诚地拥抱环境和代际责任，另一些则不然。但是在主流的公司系统中，提高总收入的机会通常都会胜过那些提高效率和有利可图的机会。当一个分公司发展很快，它的经理得到晋升，有了更大的办公室和更高的薪水，为他工作的人也更多了。为公司省钱的工程师将得到感谢，也许还有一笔小小的奖金，再没有别的了。路易斯安那的工厂终止了 WRAP 项目后不久，尼尔森就离开了。

　　但是，对路易斯安那的竞赛中发生的一切的后续评估，开始改变陶氏的公司文化。1995—2005 年间，能源节约被当成公司业务战略的一个核心要素。陶氏的一位发言人说，这一时期公司实现的额外节约超过 50 亿美元，投资回报率也很可观。陶氏的经验留给我们一个重要的证明：改进能源效率带来的利润不会很快消失。到了 21 世纪，我们的工业和消费经济中仍然充斥着浪费能源的产品、流程和实践。我们已经听过太多消费和建筑部门的例子（高排量 SUV、进口食品、白炽灯泡、隔热性能不佳的房屋），但是几乎没有听到来自工业部门的声音。现在，有了 ACEEE 的有力证据，证明**能源效率能够为美国经济提供比新供应能源更强的动力**，情况可能会有所改变。

陶氏公司的经验还说明，如果股东对经理们经常为了销售额或市场份额而牺牲利润（在这场游戏中，CEO 的收益增加了，投资者的收益却减少了，甚至变成负的）的行为有更多的了解，他们可能就要重新考虑公司经理的人选，更不用说他们的奖金了。但是在许多高级经理的游戏中，胜利并不是用生产产品和提供服务的效率或利润率，而是用他们在市场中拥有的权力来衡量的。

历史上，美国人痛恨垄断，因为垄断扼杀了竞争（并且制造了强盗式资本家的高额利润率），反垄断法早就存在于书本中，我们今天却很少听到。最近几十年，更多的新闻围绕着通往垄断或寡头的一条特殊路径——令人兴奋的兼并和收购之路。不过这些交易通常不能转化为更高的利润率。攫取市场份额最快的方法就是购买或者打劫你的竞争对手，把它的市场份额变成你的。在个人权力的游戏中，实现兼并的人获得了巨额收益——至少在整个经济碰壁之前一直如此。但是投资者并没有得到这些巨额收益。国际会计公司毕马威公司（KPMG）最近对 700 次公司兼并进行了一项研究，发现只有 17％的交易为股东创造了真正的价值，半数以上的交易都使企业贬值。更重要的是，社会整体并没有从中受益，因为随着一个产业集中度的提高，竞争被削弱，更高效地利用能源的动机也被削弱了。

公司文化的巨变

双重红利战略仍然留下了一个问题：如何让反对者在最重要的决策上投资于更巨大、更长期的变革。一个答案是能源效率为人口和政治等式的改变争取到了（一点）时间。这是能源过渡桥梁的主要基石。在未来若干年里，一些目光短浅的 CEO 将被比他们年轻十岁二十岁的新人取代。统计上，新经理们面临的前景多少有些不同：他们的生命在气候变化时代之后会延续不止 20 年，而是更长——届时复合大门和比我们其他人更强的购买力可能不足以提供充分的保护。经济学家也会经历交接班。今天的经济学专业毕业生不会（但愿如此）像他们 20 世纪 80 年代的前辈们那样轻视科学，在那个时代，物理学在公众心中仍然是与原子弹、危险化学品和空间探索联系在一起的，而 IPCC 还不存在。我们还期待在未来若干年里，成本份额定理的发展演变会从经济学期刊进入经济学基础课的课堂。经济学家对能源价格如何驱动经济增长的理解，会给他们的教学带来变革，也会改变他们现在轻率地向政府和企业提出的建议。由此，企业经理将把能源效率看作对他们的成功而言更加重要的要素。

　　不是所有的顶尖公司经理都梦想着回到增长仿佛是天经地义的美好时代，至少有一部分人对他们的工作有着更广泛、更认真的理解。通用电气公司（GE）董事长杰弗里·伊梅尔特 2005 年宣布，他的公司将在 2012 年之前将温室气体排放减少 1%——由于预计的销售增长，这意味着公司的排放将比不采取任何行动时减少 40%。或许伊梅尔特选择了保守的提法（一些人指责 GE 是在"漂绿"*，而他知道如果不能成功，又会受到我们这些人的严厉指责）。但是到 2006 年底，这项运动开展不到一年之后，GE 宣布了惊人的消息，不仅销售额比公开预测的高出很多，而且尽管销售增加了，其温室气体排放却下降了 4%——远远高于伊梅尔特对 2012 年做出的承诺，比计划的时间表提前了六年。现在，像伊梅尔特和英特飞公司的雷·安德森这样的经理人绝不孤单。白 1992 年起，美国和全球主要公司的联盟，世界可持续发展工商理事会已经集合志同道合的经理

---

　　*　借助慈善活动之名，在公众面前树立起更健康的形象，从而让大众忽略它们对自然和社会环境的负面影响。——译者注

人，形成了一个核心组织。该组织只是集合了成千上万家公司中的一小部分，如果能源过渡桥梁确实发挥了作用，这些公司都会发现双重红利的收益。但是至少从现在起，希望朝着这个方向前进的董事会和 CEO 们不必在未知的领域中艰难地开辟道路。现在，通往黄金的道路已经铺就了。

第 5 章　电力的未来

　　20 世纪 30 年代以后的每一次经济衰退中，每当我们担心有可能陷入又一次大萧条，经济学家都向我们保证那不会发生，因为"我们现在有了当时没有的防护措施"。几十年过去了，历史似乎证明了这种乐观的看法。但是在第二届布什政府任期的最后两年中，这些所谓的防护措施失效了。（就像皇帝的新衣一样，它们实际上并不存在。）自我管制失效，美联储估计错误，华尔街交易员编织庞氏骗局，证券交易委员会（SEC）假装视而不见，联邦存款保险公司（FDIC）没有足够的资金援助所有濒临破产的银行。

　　对 20 世纪 70 年代的石油危机进行反思之后，我们当中有些人开始担心类似的事情会不会再次发生——而且影响更持久，因为我们知道到那时候，石油将变得越来越稀缺。自从 1957 年，M·金·休伯特首次惊人（而且准确）地预测美国石油产量将在 1969—1970 年达到顶峰之后，石油峰值的警报就一直在回响。专家向我们保证那不是真的，防护措施已经建立起来。但休伯特是对的，防护措施只不过是幻影。

　　1978 年，从 1973—1974 年的石油危机中惊醒过来，美国国会通过了一项根本性的新法案，《公用事业管制政策法》（Public Utilities Regulatory Policy Act，PURPA）。这项法案的目的在于，在不需要建设众多新发电厂的前提下提高电力产出。在垄断的领域里引入竞争，建设新的太阳能和风力发电厂，让美国不再依赖中东石油独裁者的仁慈。"能源独立"是一种颇具感召力的号召。

　　不过，当石油和天然气价格回落，公众的担忧减轻了，PURPA

设想的电力供应竞争新体系从未实现。30 年后，当 2008 年石油和汽油价格又一次达到顶峰，大多数选民太年轻，想不起 1973—1974 年的石油禁运，每个政府工作人员都在高呼能源独立，仿佛他们全都突然间顿悟到这一点。石油价格又一次很快回落，但是这次独立的呼声没有被轻易遗忘。我们距离全球石油峰值又近了 30 年，现在地球上的人口比 20 世纪 70 年代多了 20 亿（其中几亿人都想开汽车、装空调）。六年的伊拉克战争证明，依靠军事手段保卫石油获取是我们负担不起的——如果这场战争的目的是这个的话。[①]

PURPA 怎么样了？简单的答案就是没有任何有影响力的人来管理它。它的失败跟那些管理美联储、房利美、Countrywide 银行和华尔街的人的失败同样糟糕。但它还不算是**完全地**失败了，因为在一个有限但重要的方面，它解放了一种新的能源来源。我们在第 2 章"重获丢失的能源"中提到，大约有 1 000 家美国公司正在利用废弃能量流（热能和蒸汽）发电，1992 年 PURPA 通过的一项修正案允许这些公司将多余的电力以州公用事业委员会制定的价格出售给电网。但是正如前面提到的，这些公司只占到全美国废弃能量流潜力的 10％。剩下 90％的潜力还没有被开发，主要是因为 PURPA 不允许公司直接将电力出售给其他公司。在更大的规模上（除了前面提到的钢铁厂等其他产业将多余的电力卖给电网之外），政府阻碍了公用事业行业内部的真正竞争。

PURPA 的主要任务失败有两个原因。首先，用已建成公用事业所谓的"避免成本"来限制新竞争者的价格——意味着它们只能获得比公用事业发电更低的价格。公用事业的会计人员和对公用事业友好的州委员负责制定这个价格，因此独立生产者——特别是风能和太阳能发电厂——通常发现自己不可能具有竞争力。在价格

---

① 从美联储主席的位置上退休之后，艾伦·格林斯潘在他的回忆录中写道："在政治上承认大家都知道的一点是很不方便的：伊拉克战争主要是为了石油。我对此感到难过。"

方面，可再生能源的生产者没有因为生产零排放电力，或者减少电网的某一重要节点在事故和恐怖袭击中的脆弱性而得到任何认可。

这些障碍仍然是模糊不清的，很少在公众讨论中提及。2009 年2 月，一个叫比尔·基斯的人在一次全国直播的市政厅会议中向奥巴马总统提到了这个问题，但媒体记者完全忽视了它。会议在经济遭到严重破坏的印第安纳州埃尔克哈特举行，总统回答了八位观众的提问。轮到基斯时，他的自我介绍赢得了掌声："我在印第安纳州这里安装了一个太阳能屋顶风扇。"然后他将话题从私事转向公共问题："我们需要更加友好的环境，如果我想在自己家里安装一个太阳能系统，向公用事业公司出售电力，每一美元我能赚 9 美分……你们外面的人可能认为，作为一家绿色公司，我们从前任政府或者其他什么人那里得到了好处，但实际上没有。"

奥巴马热情地回答了问题，但是似乎忽视了：虽然联邦政府规定了公用事业中可再生能源的比例，但只要电力公用事业能够继续制定价格，就无益于生产可再生能源的新企业涌现。市政厅会议之后的日子里，环保主义者和绿色企业非常关注这次交流，但是他们的焦点都放在了积极宣传基斯成功的"美国制造"太阳能企业上，而不是可再生能源生产缺乏激励的问题。他们也忽视了重点。

PURPA 的第二个失败在于虽然它"鼓励"可再生能源，联邦法律却没有什么威慑力。PURPA 提请各州实施管制，但不是所有的州都有兴趣。在路易斯安那这个石油和天然气工业为王的地方（路易斯安那是全美 50 个州中第一大石油生产者和第二大天然气生产者），就无视 PURPA 的提议。南卡罗来纳、肯塔基和南达科他也一样。在其他州，它只被用作推迟建设新工厂的巨额资本投资的方便手段，同时禁止那些生产可再生清洁能源的企业参与真正的竞争。

　　能源过渡桥梁的主梁之一是必须对电力公用事业行业进行真正的重组——改革将实现 PURPA 的最初目标，而不能被牵涉到的产业劫持。这项改革可能是整个桥梁建设工程中政治上最困难的一步。公用事业行业不仅是美国经济最大的部门之一，而且是最不透明和讳莫如深的。

　　仅这一个方面，潜在的经济节约就相当于 2008 年投放给金融部门的 7 000 亿美元援助成本——在我们现在已知的经济增长的"第三种驱动力"的基础上，这一节约必须通过能源服务成本的降低来实现。正如我们刚刚解释的，公用事业改革的结果最终会带来数千亿美元的节约，同时减少温室气体排放的百分比，是大多数经济学家说不"损害经济"所不可能实现的。

　　有必要马上补充一点，在改革的**最后阶段**，公用事业部门没有必要哭闹不休，虽然一开始的反对肯定很激烈。随便举一个例子，IBM 公司曾经是大型计算机的巨头，当这些巨无霸被小型电脑和个人计算机大范围替代，IBM 成功地做出了调整。不过，一个国家要建造能源之桥，一个核心问题是管制者和公用事业的管理者们需要多长时间才能认识到他们的未来是什么，以及在促进而不是阻挠改革的问题上，他们需要在多大程度上合作。

　　在开始这个认识过程之初，我们可以描绘一幅如果一切发展顺利，21 世纪中叶的电力系统蓝图。在未来几十年里，本地独立发电的过剩产能将加入电网。现在电网上几乎每一个电灯泡的电力都来自大型中心发电厂。今天，电网的发电和配电是一个单模块系统，从这些燃烧煤炭或天然气（或者利用核能和水力）的大型发电厂向外辐射，本地用户对他们的电力供应安全和要支付的价格都没有任何控制。（想想近年来不断增加的停电和限电次数，以及弄清楚和质询你的电费账单是不是越来越困难了。）

　　未来，分布式系统会采取一种新规则：不仅像现在一样输送电力，而且实现：（1）对多种规模和需求都不同的供应者和顾客，以及不同的峰值负荷时间进行更协调、更高效的整合；（2）针对停电和漏电采取更安全、更可靠的防护措施。

微发电革命不会替代电网，但是它能够极大地提高电网的效率。一个家庭再也不需要跟一家大型炼铝厂从同一个效率低下的系统获取电力——那就像让大象和老鼠从同一个盘子里喝水。中心发电厂将为每个人提供后备电力，但是它们将主要服务于工厂、加油站、海水淡化工厂（参见第 9 章 "水与能源的联系"）等大型用户群，以及将电力从过剩的地区输送到不足的地区。

高压输电线不仅需要继续将电力从不可移动的偏远来源，如水电站或风力发电厂输送到城市，而且要利用不同时间段的峰值负荷差异。例如，公用事业公司可以将凌晨 5 点需求低谷时在加州生产的过剩电力输送到中西部或东部，此时这些地区已经到了早上七八点钟的需求高峰时段。随着过渡期内风能和太阳能发电越来越多地进入，电网将有能力将电力从刮风的地方输送到不刮风的地方，从阳光明媚的地方输送到看不到阳光的地方。正如奥巴马总统在 2009 年初承认的："如果我们真的想发展可再生能源，我希望能把风电从北达科他输送到人口密集地区，如芝加哥。"

与此同时，本地电力将更多在本地生产。在建筑密度高的地方（如中心城市、小型工业中心、商务花园、购物中心、机场、医院、大学和军事基地），新系统将提供**两种**服务——电力和热能（CHP）。这应该是一种开放的双向系统，允许顾客将他们生产的过剩的电力和热能卖给电网，或者绕过电网，直接卖给他们的邻居。自从 PUR-PA 通过和修订以来，政府已经允许在一些地区将过剩电力卖给电网，但是不能直接卖给街对面的其他使用者。

发电单元应该越来越小型化— 起初是我们在第 2 章中简单讨论过的，单体建筑或毗邻设施集合内安装的锅炉大小的 CHP 单元，但最后要扩展到一个对所有生产者和用户开放的自由市场。随着大型燃煤发电厂逐步被淘汰，我们可以用同时销售热能的小型分布式单元来替代它们，并拆除城市内部和周边许多老化的（而且非常丑陋的）输电线。

"淘煤热"的干扰

分布式发电的阻力之一就是煤炭工业及其相关产业的政治力量。煤炭是美国最大的发电燃料来源。美国有超过 600 座燃煤发电厂，贡献了公用事业电力消耗的 48%。当发电回归本地化，这个来源将要被淘汰。很久以前，很多美国家庭都有通到地下室的煤槽。那段日子已经过去了。但是煤炭继续在中心发电厂里燃烧，这些发电厂位置相对偏僻，20 世纪中叶大多数人都没有注意到它们排放的烟和二氧化硫——直到 20 世纪 70 年代环境科学家开始注意到酸雨对森林和湖泊的危害，以及 90 年代气候科学家开始揭示煤炭对全球变暖的影响。

结果，这带来了一轮各地建设新燃煤发电厂的热潮——赶在新的管制生效之前迅速采取行动。随着这些地区的热潮汇合成一股全国性的潮流（尽管仍然没怎么出现在主流媒体上），困扰人的结果出现了，利益可能被触动的煤炭相关人士更加恐慌地火力全开——这种现象在互联网上被称为"淘煤热"。

关于煤炭的口水战可以追溯到多年前的法律漏洞，《清洁空气法案》没有将二氧化碳排放归为污染。游说者辩称二氧化碳是地球碳循环的自然组成部分，是植物的生长需要，于是国会创造了这个漏洞。对红杉树和玫瑰花的生长必不可少的物质怎么能被当成一种污染呢？环保主义者对这种虚伪不以为然，他们指出煤炭是人类活动产生温室气体的最大来源，煤烟中的其他污染物——如汞——对全世界的人类健康和生态稳定都会造成威胁。①

---

① 除了对气候变化的影响，燃煤还导致了全美国二氧化硫排放的三分之二——这是人类罹患哮喘和森林湖泊遭受酸雨侵袭的一个主要原因。

2007 年，美国最高法院做出了一个有重大影响的裁定：二氧化碳作为一种污染，美国国家环境保护局（EPA）有权对其加以管制。当时，EPA 受到第二届布什政府的严格钳制，坚持它只有权管制移动来源的二氧化碳排放（如汽车和卡车），固定的发电厂则不在它的管辖范围之内。四个月后，犹他州尤因塔县的博南扎发电厂要扩建一处新的燃煤生产设施，EPA 为其开了绿灯。塞拉俱乐部、美国环保基金会和地区性的非营利组织西部资源倡导者提出了起诉，因为这一许可"没有要求企业对工厂每年将要排放的数百万吨二氧化碳进行任何控制"。2008 年 11 月，上诉法院对 EPA 和新工厂做出了否定的判决。

大约与此同时，一场类似的战役正在北卡罗来纳州拉瑟福县展开，当地的杜克电力公司计划对克里夫塞德的工厂进行扩张，该工厂就在大烟山国家公园附近。分析家估计新燃煤发电厂的排放量相当于 100 万辆汽车的尾气排放。鉴于全国各地公用事业委员会与公用事业公司之间的关系普遍友好，北卡罗来纳州公用事业委员会立刻批准了这个项目。塞拉俱乐部又一次提起诉讼阻止这个项目，而且又一次赢得了胜利。

但是，燃煤发电产业的反应不是拥抱空气清新的未来，停止扩张计划，相反却在加速扩张。意识到在奥巴马新政府治下，国会可能很快就要制定美国工业的碳排放限制法案，为了抢在新的法律规定出台之前建成，以便享受"祖父"*企业免除碳排放限制的特权，新的燃煤发电厂一窝蜂似的上马。根据追踪报告，2008 年底有超过 100 座新燃煤发电厂的建设计划。结果，公用事业、委员会、环保组织、联邦政府机构和法院陷入了一场激烈的拉锯战。在这场混战中，似乎连法院的判决也不能仰赖——远不如关键角色的承诺用处大。众所周知，杜克电力公司董事长吉姆·罗杰斯原则上支持缓解气候

---

  * 指按原来的二氧化碳排放程度配给初始排放权。——译者注

变化①，但他仍然继续积极推进他的新燃煤发电厂的建设。

　　从公众利益的角度出发，淘煤热的荒谬之处在于它是一种恐慌的反应，或者短视的贪婪，博主们开始称这些人为"化石傻瓜"。把人类的未来再向气候和生态灾难的悬崖推几步，可能带来相对丰厚的利润。但是对于美国的能源独立来说，新建过多的燃煤发电厂已经太晚了，成本太高，对人类健康和气候稳定也构成很大威胁。詹姆斯·汉森在写给杜克公司董事长罗杰斯的一封信中强调了这种荒谬性。汉森是著名的 NASA 科学家，20 世纪 80 年代第一次就即将到来的气候变化向美国国会提出了警告。汉森在信中写道，计划的新工厂"可以预见将是浪费金钱"，"肯定会被关闭"。②

　　在我们看来，这种荒谬性可以浓缩成两个数字。淘煤热的导火索，博南扎工厂扩建计划中的设计产能只有 86 兆瓦。我们在第 2 章介绍的印第安纳州 Cokenergy 的循环利用设施能够从化石燃料废物中生产 90 兆瓦完全零排放的电力。更多是后者，而不是前者将构成分布式公用事业的主梁。

本地电力，国家安全

　　即使当煤炭顽固派偃旗息鼓（人们可以更自由地呼吸，濒临灭绝的森林得以喘息），大型公用事业仍然会存续下来，它们的说客又会老调重弹，说中心发电厂是自然垄断，拥有地方生产无法与之竞争的规模经济性。虽然在 20 世纪 20 年代，中心化的公用事业系统建设之初，中心发电厂实际上更加高效和经济，但它们的能源效率在最近半个世纪里却没有什么显著的改进。与此同时，世界却在进

---

　　① 同年，罗杰斯对《电力公用事业周刊》说："通过制定政策，使能源效率拥有跟其他形式的电力供应平等的经济地位，公用事业将能够像通过生产瓦特一样，通过节约瓦特来满足顾客需求，并且不会产生负面的财务影响。"

　　② 理查德·海因伯格在网络上发表的文章《淘煤热及其为什么注定失败》对这种可能性给出了很有意思的讨论。

步。技术上和经济上，这个产业的产能正在被燃气轮机、柴油机、屋顶太阳能光伏、小型风力涡轮机，甚至高温燃料电池等新的本地小型单元式系统超越。其中前四种已经投入使用，虽然屋顶太阳能光伏在大多数情况下还不具有经济上的竞争力。燃料电池正在迅速发展。（关于微发电系统的更多讨论参见第 8 章"让城市为完美风暴做好准备"。）现在分布式的优势跟 20 世纪 20 年代中心化的优势一样大。

降低成本

我们的工业文明现在面临诸多迫在眉睫的挑战，能源成本对我们应对这些挑战的能力意义重大，因此能源成本将是我们最后的战利品。虽然奖品很丰厚，却很少被公开讨论。原因很简单，过去半个世纪里，电力垄断存在于美国的每一个社区，受到法律的保护，关于中心发电厂天生比小规模生产能源效率更高的教条极少受到挑战。这正是问题棘手的地方，是公众（和国会）跟不上形势的原因之一。如果我们只计算工厂发电的成本，而且如果低温热没有价值，那么中心发电厂的成本的确比任何竞争对手都低。如果讨论到此为止，中心发电厂就胜出了。

但是等一下。低温热显然有价值，因为每年，美国能源账单中都有相当大一部分用来为建筑生产低温热。问题在于所谓的"中心"发电厂太大，距离这种热能的潜在顾客也太远了。所以它们将它排放到空气中，或者在有些情况下排入湖泊和河流，这都有可能造成生态破坏。

电力公司只向公用事业委员会报告，理论上委员会应该负责让顾客的电力成本最小化。热能不在他们的管辖范围之内。用户的电力成本由当前燃料成本加上发电厂的资本成本决定，后者包括实际发电成本加上输电（输电线路的路权、电塔、电线）和配电（连接到居民线路的降压变压器）成本。还有所谓**冗余**（后备储备），大部分顾客可能不会意识到，但是对未来的能源安全具有重大意义。当这些输电和配电（T&D）成本被加入到中心发电厂的成本之中，然后将总量增加到足以满足地区负荷高峰时段对额外产能的冗余要求，总成本差不多要加倍。这使得它高于本地生产的成本。顾名思义，本地生产的 T&D 更少，需要的冗余也更少。（当电力的一大部分在本地生产，区域性停电的可能性会降低。如果纽约州北部的一场冰风暴或者加州的一场山火造成一条 50 万伏高压线路故障，将有成千上万的家庭和企业停电，但是同样的风暴或山火不会让一座自己发电的建筑物停电。）

本地发电的另一个巨大的成本优势是配合系统出售废热的潜力，无论是燃气轮机、柴油机还是燃料电池。热电联产在同一个系统中生产电力和有用热能（通常用来提供热水和暖气），让热能的价值为人们所认识。它也节约了能源，减少了与化石燃料燃烧有关的污染排放。

降低能源消耗

前面已经提到过这个不太值得骄傲的事实，即美国电力公用事业从燃烧的每 3 个单位燃料中，只向顾客提供了相当于 1 个单位能量的电力——效率只有可怜的 33%。相比之下，一家公司内部使用，不以与公用事业竞争为目的的热电联产工厂，可以通过利用本来被浪费掉的热能实现 50%~80% 的效率。想想这个相对保守的估计，对于减少全国的燃料使用有着多么巨大的潜力：如果我们能够捕获中心发电厂现在损失能量的一半，用来给建筑供暖，这部分热能可以代替现在由锅炉生产的低温热，这些锅炉需要燃烧 13 千兆英热单位（库德）的燃料——占全国燃烧化石燃料总量的 15%，其中大部分是煤炭。如果我们把目标定得更高一点，利用三分之二的废热，美国燃烧化石燃料的比例将下降 20%。（试图捕获 100% 的废热是不现实的，因为即使在最理想的环境下，一些大型化石燃料发电厂还需要运行几十年。）将美国的化石燃料使用减少 15%~20%（主要是天然气和石油），已经可以跟现在化石燃料中进口石油提供的比例相提并论。

热电联产（CHP）只适用于使用低温热的场合。国际能源署（IEA）提供了更为严格的限制标准：

- 电力与燃料成本的比例至少为 2.5∶1；
- 热能需求至少为 5000 小时/年；
- 能够以合理的价格连接到电网；
- 有安装设备的空间；
- 热量输送距离短。

不久以前，在大量公用事业的共同参与之下，IEA 估计到 2015 年以前，CHP 能够为美国减少约 4％的排放。但是或许正因为公用事业的参与，这个估计没有预见到限制公用事业竞争的法律的任何根本性变革。我们相信实际潜力还要大得多。如果丹麦、荷兰和芬兰已经通过 CHP 实现了 40％～50％的效率，美国应该有能力比 IEA 提出的 4％的改进做得更好。

减少碳排放

·减少对化石燃料使用的 15％～20％的战略也会减少相应数量的碳排放，这取决于被替代的公用事业中煤炭、天然气、水电和核电的混合比例。代替它们的将主要是燃烧天然气的本地发电厂。（随着未来本地生产越来越多地从天然气转向太阳能、风能或者太阳能衍生的氢燃料电池，排放还会继续下降。）将温室气体减排的这 15％～20％与《京都议定书》要求美国承诺的 3％～5％的减排目标相比，非常具有启发性。20 世纪 90 年代美国参议院曾以负担过重为由全体一致地拒绝签署《京都议定书》。

增进能源安全

我们认识一位长跑爱好者，曾经在洛杉矶北部天使国家森林公园的群山中一条偏僻的道路上锻炼。虽然这位于美国人口最稠密的县，但这位长跑者说，在两三个小时的长跑过程中很少看到其他人。

唯一的文明标志是一条穿山越岭的输电线路，将电流从特哈查比山的中心发电厂输送到 60 英里以南的城市。2008 年初夏的一天，长跑者注意到两块原来竖在电塔旁边的指示牌现在躺在路边——很明显是被山里经常刮起的大风吹倒了。他停下来看了一块牌子上的字：

南加州爱迪生公司，爱迪生国际集团

1 000 美元奖励

本条输电线路有人巡视。

损坏输电设施是重罪，将被课以罚款并入狱服刑。

1-800-455-6555

在那个夏天，我们的长跑者每两三天就从电线下面经过，指示牌一直躺在地上。10 月底的一个晚上，圣塔安娜风*席卷了这一地区，第二天其中一块牌子不见了，另一块被风吹到了几英尺以外的树丛里。几个月后，它还在那儿。整个夏天和秋天，长跑者没看到南加州爱迪生公司的任何一辆安全车或任何一位员工。

虽然能源安全经常被当成能源独立的同义词，但是二者有着重要的区别。能源独立消除了进口石油或天然气供应由于类似 OPEC 禁运、沙漠风暴行动、伊拉克战争，或者针对波斯湾油轮的恐怖袭击之类的事件而被切断的风险。但是即使供应本地电力，现在的供应形式也是非常脆弱的，因为要依靠长距离输电。除了通过减少燃料需求来促进能源**独立**，分布式发电还将从其他几个方面进一步增进能源**安全**：

● 能够大幅度降低本地基础设施被破坏和盗窃的可能性。抛开恐怖分子可能将目标对准中心发电厂还是输电线路的问题不谈，公用事业正在经历日益严重的盗窃电线和其他组件并被当作废金属销售的问题。根据最新统计，美国有超过 50 万英里的高压输电线，由超过 200 万座铁塔支撑。要对所有这些基础设施进行有效的巡视过

---

* 由沙漠吹来的干热风。——译者注

于昂贵，而且自动化系统又提高了 T&D 成本。经济上，不可能提供足够的保安和车辆，特别是在经济阵痛不断加剧的时期。公用事业能做的就是竖起警告牌，就像躺在洛杉矶北部的群山里慢慢锈蚀的那块一样。

● 分布式还将降低自然灾害造成电力中断的风险。电线在山火、冰风暴、龙卷风和地震面前非常脆弱。2008 年夏天，一根垂落的电线在加州的圣费尔南多谷引起一场大火，是那年夏天该州超过 2 000 次山火之一。随着全球变暖，火灾成为一种越来越严重的问题，正在危及越来越多的电线。气候科学家说变暖不仅会带来越来越严重的热浪和干旱，还会增加各种类型的极端天气灾害的破坏性。2009 年 1 月，一场冰风暴的袭击破坏了大量的电线，造成肯塔基州和其他八个州上百万家庭和企业停电超过五天，数十人死亡。灾害的成本、公用事业越来越沉重的责任，以及前面提到的监控成本都会增加"中心"发电设施的配电成本，因为它们的地理位置不在它们的顾客附近。分布式将减少电网失效对本地电力服务的潜在影响。

● 分布式能用每一美元的资本投资提供更多的冗余。北美电力可靠性委员会（NERC）规定中心发电厂和输电线路需要 18％的冗余能力以便应对高峰负荷，如气温达到华氏 105 度，每个人都开空调的日子。正如我们前面提到的，这种要求极大地增加了资本投资。一个分布式的系统只需要 3％～5％的冗余。2005 年，当卡特里娜飓风袭击墨西哥湾区，尽管有 18％的富余能力，电网还是陷入瘫痪，危及在医院和家中许多病人的安全，他们的生命依赖电力驱动的医疗器械来维系。在密西西比州杰克逊市，最初 52 小时里只有一家医院在维持运行——密苏里浸信会医疗中心，这家医院有自己的 CHP 发电设备。飓风过后，许多针对生命损失的批评对准了防洪堤的不足和联邦政府应急反应的迟缓。没有人提到阻碍分布式发电的陈规旧俗，比如密苏里浸信会医疗中心的经验就不能像在荷兰、丹麦、芬兰，甚至中国一样得到更加广泛的应用。

分布式发电有这么多好处，为什么还没有朝着这个方向努力的运动，甚至也没有公开的讨论呢？这为什么没有成为重要的政治话题？

当管制出了问题，公众讨论通常都会演变为意识形态斗争。特别是在能源和气候政策方面，一场关于政府管制的斗争正在美国进行。正如我们在前面章节中关于经济增长理论的讨论中提到过的，自由市场意识形态坚持所有的政府管制都会损害市场经济的生产率。尽管2008年解除管制的金融市场经历了灾难性的崩溃，政治上的保守派还是不肯放弃"市场万能"的信条。①

我们的观点是政府管制没有天然的好坏之分，它既可以支持也可以妨碍人类的生命、自由和对幸福的追求，取决于如何设计和管理。在华尔街交易员和银行这个例子中，2008年的教训就是，20世纪80年代对金融市场和银行彻底解除管制是个错误，民主党现在需要施行更严格的管制——这是巴拉克·奥巴马胜选的一个主要因素。媒体大多把这描绘成意识形态的钟摆式运动，很少关注重新管制应该如何进行。

金融危机中，管制中好的关键要素缺失了——透明度和会计责任。在电力部门，情况刚好相反：阻碍的部分牢牢盘踞着，就像生锈的齿轮。在每个州，长久以来法律都禁止电力的生产和销售在一个竞争的市场环境中发生。② 对这些法律进行改革，允许真正的自由竞争将提供激励，鼓励更多地采取CHP等手段提高能源效率，降低输电和配电成本。这些改革将使公用事业或它们的竞争者有可能降低提供给顾客的电力价格。这将实现"双重红利"，一方面减少化石燃料消耗，另一方面通过更低的能源价格杠杆刺激经济更快发展。

---

① 来看一个经济学家讲的笑话，据说最早出现在《沃顿周刊》上："有多少经济学家自己动手换灯泡？答案是：没有。他们都等着看不见的手来修正照明的不均衡。"

② 公用事业的人坚持竞争是存在的，但他们指的仅是在某些条件下，允许受管制的竞争发生在使用同样落后技术的不同中心发电厂之间（实际上是一种限价），而不是允许向顾客提供更廉价的服务、利国利民的新企业参与竞争。

这正是美国经济机器中特别需要小心翼翼地解除管制的地方。

除了廉价能源大量注入的经济刺激，这个战略还能够节约资本成本，这将使美国在加速可再生能源产业的大发展，以及更有效地对即将到来的气候灾难做出反应时处于更稳固的位置。① 为什么？电力部门不是经济基础中的固定基础设施，像一道 50 年不变的石墙。发电厂会老化折旧，必须被替代，随着人口的增长，还需要建设新的设施——要么采用"同样的"过时技术（就像淘煤热中的老板们希望的那样），要么采用生产率更高的其他技术。

国际分布式能源联盟（WADE）最近开展了一项研究，对世界范围内继续建设中心发电厂，而不是通过本地发电厂来满足新的需求需要投资多少资本进行了估计。根据国际能源署对 2030 年的基数预测，WADE 发现世界能源产业面临的选择是，未来几年里花费 10.8 万亿美元资本投资建设新的中心发电厂，还是花费 5.8 万亿美元用分布式发电来取代它们。估计的 5 万亿美元节约几乎是伊拉克战争前五六年成本的两倍。美国的份额大约占五分之一，即 1 万亿美元。分布式的电力公用事业能够节约《2009 年美国复苏与再投资法案》的全部成本——在恢复长期经济生产率方面可能还会做得更好。

显然，发电和输配电改革是我们设想的能源桥梁的重要主梁。不过完全实现向分布式过渡和使可行的 CHP 最大化可能需要 20~25 年，我们需要强有力的政策承诺来启动它。这需要政府有更强烈的意愿去面对过去不曾面对的根深蒂固的产业。企业界需要看到经济的潜力，而不是条件反射式地回避对一个落后系统的挑战，这个系统已经失去了它刺激经济的能力。你可能觉得这个机会就像把一个免费、清洁的新能源的沙特阿拉伯搬到了国内，任何政治派别都

---

① 在经济繁荣时期，加州和其他州的预算中都有"雨天"基金。现在各个州需要的不仅是雨天基金，而是大灾基金。这笔基金不再是奢侈品，即使在经济最糟糕的日子里也具有非常高的优先级。

应该毫不迟疑地接受。但是解除管制对保守派有着深深的吸引力（可能除了那些从公用事业垄断中获益的人），因此对政治上的右派和左派同样诱人——类似的还有刺激经济增长和帮助削减联邦预算的能力。不过当中央政权受到挑战时，大多数国家都会拒绝分散化。显然，这是又一个我们需要打持久战的领域。

垄断的力量

20 世纪 90 年代末，马萨诸塞州的卡博特公司是美国最大的炭黑生产者，这是一种石油产品，主要用于制造轮胎。但是公司陷入了一种恐慌，未来十年里将有越来越多的美国产业面临同样的问题：虽然国外分支机构的运行很成功，但其国内生产却只能勉强维持盈利。这种情况在 1999 年尤其严重，原因是原油价格上涨，以及进口的廉价外国轮胎减少了公司的销售。卡博特公司需要设法降低成本。它还面临着减少空气污染的压力，因为炭黑生产是一个特别肮脏的过程，需要将石油粒子喷射到火焰中。在路易斯安那州的两个工厂，卡纳尔和维尔普拉特，卡博特公司每年要从烟囱中排放约 5 000 万磅的污染物。

一个可能的解决方案来自一家 CHP 工程公司——一次能源公司，它建议卡博特公司建设一处设施，对高温烟气进行拦截，用来生产清洁电力，与第 2 章介绍的米塔尔钢铁公司的炼焦厂采取的措施很相似。协议强调能源循环利用设施应该建在炭黑工厂旁边，工厂排放的热空气足够生产 30 兆瓦电力。卡博特工厂生产炭黑使用 10 兆瓦电力，现在这 10 兆瓦是从本地电力公用事业 CLECO 以每兆瓦-时 55 美元的价格购买的。根据协议，能源循环利用设施将以每兆瓦-时45 美元的价格提供这 10 兆瓦电力。通过使用自己的废热来为自己的工厂发电（废物出去，电力回来），卡博特公司将得到双重红利：削减路易斯安那州工厂的成本，提高国内生产的边际利润率，并显著减少恼人的污染物排放。

　　循环利用设施有 30 兆瓦额定产能，其中 10 兆瓦将卖给卡博特公司，它还需要为剩下 20 兆瓦寻找其他买家。由于循环利用设施不需要像公用事业那样购买燃料来发电，因此它能够以折扣价格出售电力（就像卖给卡博特公司时一样）。所有的买家都喜欢折扣，所以这笔交易就像是超级大灌篮。另外一座炭黑工厂哥伦比亚化工（属于菲尔普斯·道奇公司）就坐落在街对面。跟卡博特公司一样，哥伦比亚化工现在以每兆瓦-时 55 美元的价格从公用事业购买电力，它会很乐意以更低的价格从循环利用设施购买。

　　但是，这里有一个问题：路易斯安那州，以及全国几乎所有其他地方的法律都不允许除了垄断的公用事业之外的其他机构出售电力。显然，这笔交易必须由公用事业做中间人才能做成——循环利用设施将多余的 20 兆瓦电力卖给公用事业，公用事业再卖给买家。由于电力实际上只是从公用事业的一扇门进去，另一扇门出来，没有中间过程，公用事业只需要付出微不足道的管理成本。理想情况下，循环利用设施可以将电力以 45 美元的价格卖给公用事业，公用事业以 50 美元的价格卖给买家——仍然将一部分折扣传递给了买家，如果法律没有禁止穿过街道直接输电，买家应该享有更高的折扣。你可能觉得，CLECO 能够接受自己获得每兆瓦-时 5 美元的额外利润，同时帮助提供减少二氧化碳和其他污染物排放的公共服务。

　　不过 CLECO 有不同看法。它们认为这对卡博特公司和哥伦比亚化工来说都是一种零售损失。CLECO 还有一个在卡纳尔和维尔普拉特地区新建价值 5 000 万美元的输电线路的计划，正在公用事业委员会审核，这项交易将危及该计划，因为其成本要被加入到整个州的基准费率之中。但是批准一项循环利用交易的真正问题在于，通过减少该州该地区的电力需求，循环利用设施也会不利于公用事业建设更多的未来"中心"发电厂的计划，其成本也会被包含进基准费率之中。当有可能通过增加燃料使用获得更多利润时，为什么要同意一项减少燃料使用的计划呢？

公用事业不愿意接受这个对社会来说是双赢的机会，相反，它们只为剩下的 20 兆瓦电力支付每兆瓦-时 20 美元的价格——交易失败了，因为循环利用设施在这个价格水平上不能获得利润，显然如果只能得到这么一点钱，项目就无法实施。CLECO 坚持了一年，然后价格涨到了 28 美元——仍然远远低于计划的要求。这时候路易斯安那州州长开始介入，公民福利（包括计划中的新设施将创造的就业机会）得到了强调。又过了两年，公用事业将报价提高到了 38 美元，非常接近但是仍然可笑地缺乏可行性。不过到这时，卡博特和一次能源公司已经忍无可忍，放弃了该计划。

不久以后，CLECO 提出了建设自己希望的新中心发电厂的申请，部分是为了提供能源循环利用工厂本来应该提供的产能。但是，新增的燃烧化石燃料的供应源只有 33％的效率，而且现在生产这些电力需要排放相应数量的二氧化碳。从那以后，卡博特公司的工厂继续向空中排放烟气，而不是拦截它们用来生产清洁电力。总而言之，CLECO 阻止了一处 50 兆瓦生产设施的建设，该设施每年能够生产超过 400 000 兆瓦-时的清洁能源，同时显著减少污染。

在这个炭黑的案例中，不仅失去了一个朝着能源独立和减少碳排放的目标努力的机会，而且鲜明地揭示了这种努力所面临的蓄意制造的障碍。这种模式在全国范围内都普遍存在：封锁一种战略，比动用军事力量从伊拉克或委内瑞拉提高石油供给要容易得多，生产率也高得多。令人愤慨的是，发电厂继续日夜排放废蒸汽，就像在干旱时期一条被遗忘了的花园水管一直在跑水。联邦和州法律，以及根深蒂固的惯行和先入之见，通过保护电力公司对控制权和财富的垄断，使这种无休止的浪费及其对气候变化的影响得以延续。投资者、经理、说客和顺从的公用事业委员会让这一问题的重要性远离媒体和公众的视线，使美国人相信他们真正需要的是化石燃料供给。接着水管的比喻说，这就像用纳税人的钱提高家庭供水补贴，而不是在花园不需要浇水时关掉水管。

我们在法律和惯行的荆棘丛中艰难跋涉的过程中发现，要将这些阻碍全部列举出来需要相当大的篇幅。这里只简要列出最主要的障碍：

● **法律不允许向第三方出售电力，而且不允许私人输电线路跨越街道**——一家能源循环利用工厂将废热转化为电力，只能以一定的利润将电力卖给垄断公用事业，或者（在有些州）刚好位于街道同一侧的临近用户。如果像米塔尔钢铁公司那样，能用自己炼焦厂的废热发电，供与自己相邻的钢铁厂使用，那就是合法的，否则就不行。所有 50 个州的法律都规定，除了地区公用事业之外任何人的电线跨越街道输电都是违法的。在许多州（比如路易斯安那），向除公用事业以外的任何人出售电力都是违法的。不管美国反垄断法怎么说，每一座城市的电力产业都是垄断的，甚至每一条街道都是如此。

● **两套算法决定电力价格**——一套用于中心发电厂，另一套用于系统外任何新出现的竞争者。表面上，能源循环利用公司能够向公用事业索取的价格，是以公用事业委员会批准中心发电厂索取的"基准"费率为基础确定的。但是，电力公司还被允许在这个基准费率上加上非常庞大的输电和配电成本——包括数百英里的电线。而且，其基础设施是为了适应峰值负荷建设的，比平均负荷要高得多，这使得电力公司可以进一步提高价格。而能源循环利用公司或其他地方竞争者不需要长距离基础设施，能够以相当低的折扣价格向本地顾客销售电力——但是法律不允许它们这样做。循环利用工厂找到了一种更经济的方式（本地发电）来提供电力，法律却不允许它们从中获利。对它们来说，"自由市场"是违法的。由于这种不经济的生产方式，美国人购买的能源中很大一部分都被丢弃了。

● **政府补贴效率最低的系统**——正如我们前面提到的，热电联产（CHP）工厂能够达到 50%～80% 的效率，相比之下中心发电厂的效率只有 33%。但中心发电厂是部分由州或市政府所有的，不交所得税。结果，顾客又被一种花招欺骗了：政客用似乎很低廉的电力价格来安抚顾客，然后通过增加他们的税费来补贴公用事业负担的份额，让他们支付一笔隐蔽的溢价。

● **被咄咄逼人的律师行业豁免**——美国反垄断法禁止"产品捆绑销售"，即公司在销售一种产品时，与另一种赔本销售的产品捆绑在一起，刺激消费者购买——第二种产品的竞争者不可能以同样的价格销售产品，这能够帮助公司将竞争者逐出市场。例如，几年前，柯达公司向购买维保服务的顾客提供超低价的复印机。美国最高法院裁定这违反了反垄断法中关于捆绑销售的规定。但是当电力公用事业提出，如果顾客在购买建筑照明用电时同意购买冷暖气用电就可以享受折扣时，却没有遇到挑战。全电气化折扣阻碍了非化石燃料系统的使用，如太阳能电池板。

分布式的多重收益使得能源生产的这一根本转变不仅至关重要，而且必不可少。旧的燃煤发电厂将被淘汰，随着美国经济越来越电气化（例如，电动汽车的普及），美国对新电力产能的需求将持续增长，即使能源密集度持续下降。持续的微发电革命"技术进步"将在保持现有能源服务水平的基础上，使美国的化石燃料使用和碳排放减少 15%～20%，资本投资减少 50%，并且极大增进能源安全。就像计算机一样，发电将变得更小型、更快捷、更清洁，而且更便宜。迟早，苏联时代的公寓大楼式的大型中心发电厂和建设它们的"中央计划经济"将会被认为是过时、低效和丑陋的。作为过渡桥梁的关键主梁，我们必须尽快达到这种认识的第一阶段。

第6章　液体燃料：残酷的现实

美国人对汽车的爱恨交加，使得汽车在公众心目中成为能源问题的焦点。这造成了对整体能源问题的一种危险的误解，因为它分散了政策制定者的注意力，使他们看不到过渡桥梁的主要需求。

我们并不否认汽车是美国人生活、文化、经济和环境破坏的核心。它们的确是，从关于是否应该援助美国汽车制造业"三巨头"的痛苦争论中可以清楚地看到这一点。但是那场争论忽略了一个更加基础的现实：将我们有限的时间和资源中一大部分花在改进内燃机、它所驱动的2吨重的私家车，以及它所燃烧的汽油这些落后技术上，是没有未来的。正如前面的章节中提到的，在美国如果汽车只搭载一个人，其有效负荷效率一般只有1％。投入巨资将所有的汽车换成混合动力或电动汽车也只能将这个效率提高到2％～3％。如果我们认同我们的生活方式就是需要在每次移动一个人的同时移动一两吨重的钢铁，那么我们可以说汽车的能源效率是10％～20％，但是即便如此，在一个石油越来越稀缺的世界里，用来生产汽油的每十桶石油中，仍然有八到九桶浪费掉了。

与此同时，当年的汽车传奇深刻地影响了美国经济（绵延的道路和市郊、汽车工业的政治影响力，以及长达一个世纪对公共交通的压制），货物运输也是同样的模式：卡车和飞机减少了火车的使用，一度繁荣的铁路系统被荒废了。

现在离开汽车已经太晚了（有一些重要但有限的例外，我们将稍后讨论）。我们需要设计21世纪末或22世纪的城市，使大多数人不再需要拥有两吨重的私家车，使城市不再那么依赖汽车。但是在能源转型的过渡阶段，我们能做的只有朝着那样的未来前进几步。美国的困境在于必须在未来 20 年里显著减少化石燃料使用，同时继续维持一个即使以最佳状态运行也天生效率低下的，以汽车为主导的交通运输系统。

美国人对汽车的热情已经在冷却——由于交通拥堵的压力、造成家庭悲剧的交通事故①，以及损害肺部健康的空气污染——但是这种有毒的传奇现在正在席卷其他国家。例如，中国的人口是美国的四倍，汽车保有量正在翻着番地扩张。美国的汽车保有量已经饱和，平均每两个人拥有超过一辆汽车，但是在中国，这个比例是每 300 人拥有一辆汽车。中国拥有巨大的贸易顺差，如果中国达到与美国相近的汽车保有率，以及相近的燃料使用和碳排放的比率，他们将没有足够的土地用来修路，也没有足够的燃料来驱动汽车。即使他们有足够的土地和燃料，对气候的影响也将是不可估量的。

虽然主流专家现在转而同意艾尔·戈尔一度被认为荒谬的断言，即内燃机（ICE）将要被淘汰，但最迫切的问题不是发动机，而是燃料。ICE 技术的进一步改进已经快要走到尽头了，也不可能显著提高燃油效率。我们可以通过将汽车造得更轻，以及更多依赖电力而不是石油来实现更高的汽车燃油效率。但是现实地说，电动汽车也不是完全不使用化石燃料的。电力生产现在要使用大量的煤炭和天然气。由于我们讨论的是必须在短期内开始建设能源过渡桥梁，请记住今天购买的大多数福特皮卡、道奇 Rams、凯迪拉克 Escalades、丰田塔库玛和悍马 H2s 在 8～10 年后仍然会在路上行驶，并且燃烧大量汽油。

美国的交通运输完全依赖于液体燃料的可获得性。政治家佯称更多的核电站将在某种程度上解决能源危机，实际上是石油危机，

---

① 以 2006 年为例，美国发生了 5 973 000 起汽车交通事故——平均每 52 个人当中就有一个人有此遭遇。在这些事故中，有 2 575 000 人受伤，41 059 人死亡。这个数字是伊拉克战争前五年中，每年阵亡的美国士兵人数的 50 倍。

这是对公众的误导，或许对他们自己也是。所有的交通运输方式都要依赖可移动发动机，只有电气化火车和有轨电车例外。而除了极少数使用电池和燃料电池的例外，我们知道的所有可移动发动机都是使用从石油中提炼的液体——汽油、煤油、柴油——的内燃机。电力无论来自核电站、太阳能发电厂还是风力涡轮机，都不产生液体燃料。

100 年前，铁路基本上运输了所有的货物和大部分城际间的旅客和通勤者，大部分铁路使用煤炭作为其蒸汽动力机车的燃料。这些机车噪音大、烟雾多、热力学效率低下。因为煤炭很便宜，所以没有人有动力重新设计发动机。从 20 世纪 30 年代开始，柴油电力混合发动机比老式蒸汽机车的效率提高了三倍，但是这项创新也只能使美国铁路在某些城市之间的长距离货物运输上具有竞争力。事实上，在所有其他市场上，汽车的时代来临了，特别是在第二次世界大战后，汽车需求的飞速增长创造了对新的高速公路的需求——政府出资建设了这些公路。相反，私人所有的铁路仍然需要运营和维护它们自己的铁轨和路权。毫不奇怪，第二次世界大战以后，美国之外的社会主义政府将大部分铁路系统国有化了。

在美国，社会主义是诅咒，之前高效而强大的铁路系统很快衰落了。通用汽车公司（GM）领导了一场拆除城市有轨电车轨道的运动，将市内交通市场留给了柴油公交车（由 GM 提供）和私家车（也由 GM、福特和克莱斯勒制造）。后来为了阻止铁路的衰落，成立了美国铁路公司，但是建设现代化高速列车网络需要大量投资，欧洲和日本现在正在这样做。（高速列车在为 19 世纪火车设计的老式铁轨上行驶是不可能的。急转弯必须被消除，山丘必须被削平，整个路基必须以更高的标准重新铺设。）通过在佛罗里达、内华达等地引入其他国家正在建设的超高速磁悬浮列车，实现高速铁路"蛙跳式"发展的努力失败了，主要是因为得不到政府支持。主流理论认为，如果技术真正得到了证明，私人部门就会为其提供资金。（在美国，航空业利用为军事目的开发的喷气式发动机、政府出资建设的机场和空中交通管制系统，大体上控制了城际和国际旅行市场。）

汽车和卡车运输对铁路运输的取代，已经以不可逆转的方式重塑了城市景观。美国城市延伸到非常广大的区域，依靠公共交通服务极为困难。据估计整个洛杉矶一半的面积都是公路、街道、车道和停车场。这些区域大部分是黑色的，吸收的热量明显提高了当地的温度（"热岛"效应），进而提高了对空调的需求，使得能源消耗进一步增加。毫无疑问，在像洛杉矶这样的分散化城市中，与城市交通有关的石油消耗的巨大增长使得气候问题进一步恶化。大多数批评理所当然地对准了驾驶 2 吨重的 SUV 的单个市郊通勤者，因为有上百万人独自驾驶汽车，消耗燃料。短途航空运输是另一个主要污染者和液体燃料使用者，现在发展也很迅速。我们能够做些什么来改变这种情况？政治家通常给出的解决方案是"新技术"。我们有必要好好审视一下现在提出的这些新技术。

玉米乙醇：燃料的使命

用乙醇（酒精）部分替代汽油是一个很好的切入点，过去几年来在美国某些地区发展迅速。加油站不引人注意地出售两种燃料的混合物，其中乙醇的含量非常低。从零售商的角度来说，这种混合物有其价值，因为每加仑乙醇包含的能量（可用能）比汽油要少。如果汽车使用纯乙醇，要么每次加油能够行驶的距离更短，要么就需要更换一个两倍大的油箱。但是如果燃料中只含有 10%～15% 的乙醇，人们就几乎察觉不到行驶距离上的差别。

乙醇的生产方式大体上跟酒精饮料差不多——通过对农作物中的糖分进行发酵。啤酒是用大麦和啤酒花生产的，葡萄酒用葡萄，乙醇用玉米。2005 年，美国乙醇产量达到 45 亿加仑。这使用了全国玉米产量的 14%，但是只替代了全国 1.7% 的汽油。同年，用大豆生产生物柴油消耗了大豆产量的 1.5%，替代了卡车和工程车使用的柴油的 0.09%。

不过，这还不是全部。生物燃料的生产和运输过程中也需要消耗化石燃料。所以如果全美国的玉米都被生产成乙醇，能够减少的化石燃料（汽油）总消耗量只有 2.4%。如果所有的大豆都被生产成柴油，能够减少 2.9%。考虑到我们仍然需要玉米片、猪排（需要玉米来喂猪）、食用油（既有玉米油也有大豆油），以及以大豆为基础的婴儿配方奶粉，现实中能够用于生产燃料的玉米和大豆的数量对于美国摆脱对外国的石油依赖没有实质性的帮助。

环保主义者把从玉米中提炼乙醇描述为一种暴行，他们的观点有值得关注之处——特别是因为巴拉克·奥巴马毫不掩饰地提倡增加乙醇生产，而大选期间环保主义者曾经一边倒地支持他。要么是他知道什么环保主义者们不知道的事，要么（就像我们怀疑的）是他不了解关于乙醇的无可动摇的事实——尽管他受过那么多教育，而且乐于听取反对意见。再不然就是他对爱荷华州的政治欠账（他在那里的选战十分惊心动魄）让他不能在玉米补贴的问题上找麻烦——至少当时如此。

这并不是说赢得选举之后，奥巴马政府就能背弃中西部的农民，他们在大选中支持他不是因为乙醇，而是为了复兴美国经济的更高承诺。能源问题远比 2008 年作为主要总统候选人在政治演说中能够承认的，或者媒体上十秒钟的新闻摘要中能够传达的复杂得多。但是正如我们在本书中提出的观点，真正有效的经济复兴只有通过降低能源服务的成本才能实现。正如环保组织在批评布什政府的政策时异口同声所指出的，玉米乙醇不能实现这个目标。

事实上，随着玉米补贴开始流入大型农业综合企业，使它们成为主要受益者，媒体上充斥着反对的声音——《滚石》杂志："乙醇骗局：美国最大的浪费之一"（2007 年 8 月 9 日）；《Slate》杂志："玉米大骗局"（2007 年 6 月 26 日）；《时代》封面文章："清洁能源骗局"（2008 年 5 月 27 日）。一则被广泛引用的批评说，你不仅需要计算生产和运输乙醇的成本（就像美国科学院的计算方法一样），而且需要计算玉米种植过程中所使用的能源（以农药、拖拉机燃料等形式），实际上生产玉米乙醇使用的能源比它向全国加油站提供的还要多。真的如此吗？美国自然资源保护委员会通过对六项关于"能源投资回报率"（EROI）的研究进行评估调查了这个问题。调查结果显示，《时代》和其他媒体的观点可能有些夸张，但是也只有一点点。六项研究中有五项发现，正的 EROI 在 1.29 ～ 1.65 之间（129％～165％），取决于假设条件——这意味着乙醇中包含的能量比种植、收获、生产和配送过程所需要的能源**稍微**多一点。第六项由美国自然资源保护委员会开展的研究要悲观得多，其结论是玉米乙醇包含的能量比生产和配送需要投入的能量少。相比较之下，美国国内石油的 EROI 大约是 15。20 世纪 30 年代，能源回报率超过**100**。我们可以认为，考虑到生产它所需要的能源，乙醇对美国能源供应的贡献很小，或者几乎为零。

尽管现实如此，布什政府还是倡议将美国的乙醇产量提高到350亿加仑，其中 150 亿加仑来自玉米，剩下的来自其他来源。这个计划如果实现，将大幅减少食品生产，特别是肉类，因为供食用的猪和牛主要都以玉米为饲料。而且，生物燃料的生产并不比汽油或柴油便宜，加上它们对能源供应的贡献很小，因此对经济增长没有帮助。2005 年，相当于一加仑汽油当量（gasoline gallon equivalent，GGE）的乙醇的总成本为 1.74 美元，汽油的成本为 1.67 美元。生物柴油的 GGE 成本为 2.08 美元，而柴油的成本为 1.74 美元。

尽管是个经济黑洞，乙醇却得到了联邦政府的补贴支持，玉米乙醇每 GGE 为 76 美分，生物柴油每 GGE 为 1.1 美元。而且，SUV使用乙醇部分代替汽油或柴油，还可以获得里程累积。汽车制造商在报告其燃油经济性时只需要计算汽油消耗，这是 SUV 游说者的又一次胜利。

不过，玉米乙醇的实际情况比这些事实还要糟糕。这一分析没有包括灌溉的需要（参见第9章"水与能源的联系"）、氮污染（来自过量的化肥使用），以及墨西哥湾不断扩大的富营养化（农药径流造成的死亡区域），也没有考虑农业补贴，这种补贴刺激了砍伐森林扩大耕地的行为。假设土地的用途可以自由更改，那么**相反的**战略——退耕还林——要比砍伐森林用来种植玉米和大豆更能有效地减少全球大气中的温室气体浓度（通过生物质封存二氧化碳）。

纵观建设一座通往可持续经济未来的可行的能源过渡桥梁都需要什么，把大量联邦补贴投入一个只能创造极少量的能源供给，甚至根本不能创造能源供给的选择，显然不是一种可行的解决方案。我们在前面的章节中强调过，过渡桥梁要起作用，就必须以显著降低的成本，甚至**负**成本尽快提高供给（或者效率，实际上也是供给）。

未来的燃料——桥梁的另一端

显然，源自玉米的玉米乙醇和源自大豆的生物柴油不是一种经济的或负成本的解决方案。乙醇项目毫不掩饰地给参与艾奥瓦州重要选举活动的捐款大户和农民提供了巨额政府补贴。这种燃料至多是无意中朝着更好的解决方案迈出了第一步——从木本植物和纤维素废弃物（如玉米秸秆）中提取**纤维素**乙醇。研究者也在探索从草中制造乙醇，这些草生长在不能种植粮食作物的小块土地上。但是这些形式的乙醇技术还没有得到充分发展，目前还不能商业化生产。即使商业化生产能够在几年内开始，也需要更多时间才能达到一定规模（正如太阳能和风能的情况）。

许多前瞻性作品探索了后化石燃料时代未来的各种可能性。本书关注的是更加务实的问题——从这里到未来所面临的短期挑战。液体燃料是一个特别具有挑战性的领域，各种乙醇的选择都不能帮助我们构建过渡桥梁。区分哪些技术可能用于桥梁那端的未来、需要继续研发，哪些是在关键时期浪费宝贵的资源，是非常重要的。

记住虽然乙醇被鼓吹为化石燃料的替代品，但是它燃烧时仍然会排放二氧化碳，就像汽油一样。另一方面，如果未来的需要中包括适量的工业酒精，那么继续研究纤维素乙醇的生产将是可行的，只要它们不占用生产粮食的土地。对于驱动汽车和飞机来说，这些生物燃料没有未来。

在可预见的将来，液体燃料最好的选择是柴油，无论是来自植物还是其他来源。欧洲汽车的燃油经济性比美国汽车高得多。一个原因是欧洲的小型汽车比美国多，不过还有一个不太为人们所熟知的解释是，大约一半在欧洲销售的汽车使用柴油发动机。柴油发动机的燃油效率约为 50%，相比较之下汽油发动机的效率只有 27%。通常认为柴油汽车污染更严重，因此在美国没有什么发展。但是近年来的技术改进显示，为购买更多的柴油汽车提供激励（例如，通过将柴油的税率定得比汽油低），对美国燃油经济性的提高有很大帮助。

飞机燃料

当我们准备进入一个完全不同的能源时代时，在所有技术上的"白象"*当中，通用汽车公司的悍马可能一百年后也不会被遗忘。就像半个世纪以前福特公司的埃德塞尔一样，悍马在社会史上赢得了一席之地，这是它的制造者从来没有想到过的。[①] 但是在我们现在面临的液体燃料问题的全局中，真正的白象不在车道上，而是在跑道上——喷气式飞机。

---

 * 庞大、无用而累赘的东西。——译者注
 ① 近年来环保主义者对体积庞大的 SUV 的批评从未间断，悍马首当其冲。他们说 SUV 不仅油耗高，而且作为本来为军事目的设计的车型，拥有者可以用它来威慑其他司机。2009 年，一则本田的电视广告讽刺庞大的 SUV "外强中干"，广告中一个 SUV 司机的车子没油了，只好找一个本田车司机搭便车。本田车司机明确表示他不需要担心车子没油，因为他的车燃油效率很高。沮丧的 SUV 司机坐在后排座位，没好气地回答道："但是它禁撞吗？"

在美国，飞机每天燃烧大约 200 万桶石油，约占美国液体燃料总消耗量的 10%。但是这个数字是有误导性的，因为它掩盖了每乘客-英里（或座位-英里，或智利鲈鱼-英里）使用了多少燃油。一位典型的飞机商务旅客每英里的燃油消耗是汽车乘客的两到三倍，与最大的悍马车的数字差不多。当你和其他 250 位乘客登上一架从圣迭戈开往华盛顿的班机，你们消耗的燃油跟每个人都撕掉机票，开250 辆悍马横穿整个美国差不多。

飞机的问题比陆地上的汽车更棘手。飞机的有效负荷效率比汽车高：乘客的重量大约是满载的飞机的三分之一。但是燃料占去了另外三分之一，所以飞机天生具有更高的能源密集度。更重要的是，飞机没有汽车和卡车那样已经出现的替代（非液体）能源。汽车至少已经踏上了向油电混合动力汽车、电动汽车和氢燃料电池车漫长的转型之路。这些技术都不能用于飞机，至少近期内不能。

互联网上有许多围绕飞机替代燃料的讨论。2007 年，维珍大西洋航空公司总裁理查德·布兰森宣布，公司首次成功试飞了一趟使用生物燃料的商务航班，吸引了广泛的关注。但是无论飞机还是燃料，试验样机在早期研发阶段成本过高，远不具有竞争力。即使它们能够成功，推向市场也需要好几年。如果喷气式飞机使用的生物燃料跟玉米乙醇类似（玉米乙醇不能用于飞机，因为在飞机的巡航高度上会冻结），那么生产它们需要的能源跟它们带到油箱里的一样多。

当石油价格涨到不能负担以后，我们可能还有希望保持部分航班的飞行。氢能和液化天然气有朝一日可能实现。从池塘生长的藻类中提取生物燃料也有前景。加州的 Solazyme 公司已经从水槽培育的藻类中生产出一种煤油，据说能够达到商业喷气式飞机燃料标准的要求——包括在 30 000 英尺的高空不会冻结。今天看来绿藻生产是不可能的，就像当年的养殖渔场一样，但养殖渔场现在是一个主要产业，美国南方地区许多原来的棉农现在都转行养鱼了。与玉米乙醇相比，绿藻的一个重要优势在于它不需要从我们孩子的孩子口中偷走食物。但是跟纤维素乙醇和生物柴油一样，绿藻在燃烧时也会排放二氧化碳。它能够缓解石油峰值以后的经济阵痛，但是对减缓全球变暖没有帮助。它也不可能及时做好准备，帮助能源过渡桥梁的建设。

残酷的现实是在发展的管道里，没有新的液体燃料能够对经济转型起到实质性的作用。一种能够起作用的战略是重组现有的能源经济，从而更有效地利用我们已经拥有的石油供给。不管我们喜不喜欢，未来十年或更长时间里我们的液体燃料仍然是石油或其衍生物。通过文化和政策变革相结合，我们能够稍微扩充供给，满足汽车和飞机的最低需要。这包括为飞机和汽车制定更加严格的燃油使用效率标准（CAFE），以及减少旅行里程数的一系列改革。我们将在下一章"汽车：曲终人散"和第8章"让城市为完美风暴做好准备"中讨论这些问题。

未来十年，重新设计飞机，提高其燃油效率也会有所帮助。波音公司新的梦幻客机凭借更符合空气动力学的外形和更轻的重量，预计将比早期机型节约20%的航空燃料。新飞机将取代大部分碳-钛复合材料的铝制机身，消除对每架飞机上百万个铆钉、螺栓和其他部件的需求。但是以这种方式重新设计、测试新客机和军用飞机并提升产能，就像建设石油钻井平台和核电站一样，需要十年时间。与此同时，我们和我们的军队都需要大幅度削减飞行的数量，虽然我们现在认为这种让沉重的物体飞过天空的行为是必需的。随着石油供应的减少和价格上涨到历史新高，我们的主要任务不是争夺本来用于生产粮食的土地来生产新燃料，代替汽油和航空燃料，而是学会如何以更高效的方式使用剩下的化石燃料。

第 7 章　汽车：曲终人散

随着经济危机在 2008 年迅速恶化，时事评论员提出了一个几年前根本不能想象的问题：美国汽车制造业"三巨头"是否值得拯救。通用、福特和克莱斯勒的首席执行官全都跑到华盛顿去请求政府的紧急援助，国会中充满了争斗的气氛。很难相信汽车公司会得不到帮助，因为太多企业和就业机会都依赖于它们。但是政治家和公众先要出出气。为什么美国制造商**花了这么长时间**才认识到，世界已经跟 20 世纪五六十年代不同了？当时通用汽车是世界上最大的公司，美国人热切地盼望着每年推出的新车型。为什么通用汽车在 1996 年推出 EV-1 电动汽车，三年后又放弃了它，充满讽刺意味地掉头生产炫目的高油耗悍马？为什么美国制造商不仅让日本和韩国制造商踏进美国最伟大产业的大门，而且差点让人家接管它？为什么 CEO 们乘坐着公司商务专机到华盛顿乞求施舍？

不用管 CEO 们是否明白这种怒气的原因。提出这样的问题本身就是美国正在澄清认识的信号：汽车不再是文化符号——自由、渴望、冒险和成功的终极符号，它们曾经是。光环尚未完全褪去，但是年轻一代现在迷恋的是其他东西：平板电视、iPhone、MySpace 和视频游戏。那些开着搭载 220 马力雷鸟 V-8 引擎的 61 年雪佛兰或 56 年 Fairlanes，去汽车影院或者在 29 号公路兜风的人现在已经退休了，或者很快就要退休。对许多人来说，汽车现在只是一种从家到购物中心或办公室的工具。而这似乎正在变得越来越困难。

这并不是说到了 21 世纪初，汽车的统治性地位有了动摇，它们现在更具统治性了，这正是主要问题所在。交通拥堵已经成为常态，而不是特例。对许多人来说，开车已经逐渐从梦想演变成周期性的噩梦。自从 20 世纪 70 年代的环境觉醒，美国人越来越多地意识到汽车尾气的影响——首先是与烟雾有关的健康问题和汽车拥堵城市的宜居性，然后是 20 世纪 90 年代的全球变暖。与此同时，通信和数字娱乐等新产业已经登上舞台。年轻人的兴奋点从路上或空中的冒险转向了电子冒险。20 世纪 60 年代的孩子想要成为赛车手或宇航员，80 年代的孩子想在电视上看《星际迷航》，更年轻的一代想要通过 Xbox 和 Wii 在城市、空间和时间中超高速地穿梭。改装车根本无法与之相比。

在美国城市和郊区汽车拥堵的现状之下，这种转变的重要性比表面上看上去的还要大。本书的一个基本前提是，化石燃料经济有着巨大的动量，改变它需要时间。但是年轻人的梦想——以及他们的能源——将会驱动这种改变。正如贯穿本书始终的观点所述，当新市场出现，让它们变得热门的不是它们包含的技术，而是这些技术所提供的服务。汽车和卡车在历史上提供了核心的经济服务，但是至少其中一些服务现在可以用其他手段更好地提供。

对历史上汽车和电灯泡提供的不同服务进行更明确的区分，是建立一种更明智的能源经济的关键。一个世纪以来，廉价的汽油和环境意识的匮乏让我们习惯了汽车万能的观念：20 世纪 50 年代的旅行车，或者后来的厢式货车、SUV 和皮卡能够满足任何用途——1 000 英里的度假旅行，或者去半英里外的商店买六罐啤酒。未来的历史学家回顾这种汽车万能的观念，会将其比作为一个将军用他的佩剑能做一切事情——无论是切肉、剔牙还是砍掉敌人的头。

21 世纪，将这些服务分成"高速公路"旅行、郊区或市区中距离移动和短途出行，对更明智的能源和气候管理至关重要。同样重要的还有重新考虑移动性的概念本身。这些不同类型的移动性真的都是我们想要的服务吗？在有些情况下它们是，因为我们的确需要或者想要从某地移动到另一地。在其他情况下，或许我们并不需要。

你需要买东西，但是不意味着有必要把你自己（和你 2 吨重的私家车）移动到商店去。你可能的确想去海滩或者去参加家庭聚会，因为你的目的就是到那里去。但是你真的需要去沃尔玛超市吗？在这种情况下，你想要的不就是把东西装在大盒子里送到你手上吗？

一个重要的心理障碍

对于 21 世纪的美国人，要区分进步和新技术的概念可能很困难。半个世纪以来，新古典主义经济增长理论用极其含糊不清的"技术进步"这一强大的外生驱动力模糊了这两个概念。

因此，美国人条件反射式地认为，如果我们要找到一种比传统汽车和 SUV 更好的方法来提供短途移动性服务，应该就是某种惊人的新技术突破。（移动人行道？飞行汽车？）对进步可能从过去中来，或者从现在不被欣赏的领域中来，我们有一种巨大的心理障碍。不过我们最近经历了许多这种类型的进步。例如迅速发展的有机食品市场（实际上农药出现之前所有食品都是有机的）；对针灸等传统医疗技术的重新认识及其市场发展；建筑师和设计师重新青睐古老的建筑材料——石头、木材和陶土，而不是一度流行的"新"材料，如塑料护墙板和油毡，最初问世时这些东西看起来是如此现代。

这让我们想起了不受重视的自行车，这是当今世界上使用最广泛的短途个人交通工具（除了步行），而且在许多方面都是最好的。自行车的拥护者热情高涨，但是他们一直被置之不理或边缘化。在有些地区，如中国，自行车正在失去市场。但是在一个全世界的城市交通系统越来越失调的时代，它们的时代可能会到来。

中国有超过 4.2 亿辆普通人力自行车，私家车的数量约为 3 200万辆。但是在中国，私家车主和配有公车的高级公务员远比骑自行车的人更富裕、更有影响力，而且他们得到了高层信念的支持：认为中国要完全实现工业化，一个强大的汽车产业是必需的——2009年一家中国公司宣布准备从濒临破产的通用汽车收购悍马品牌，这个惊人的消息就是证明。拥有和驾驶汽车的人利用他们不成比例的财富和影响力，迫使中国政府将原来的稻田改造成高速公路。新的高速公路缩短了享有特权的少数人来往于主要机场、工业中心和酒店之间的旅行时间，但是同时，它们使汽车交通溢出到相连接的所有道路上。不可避免的结果是地球上最严重的交通拥堵和空气污染（回想一下2008年运动员对北京空气质量的担忧），这使得骑自行车的人争取道路空间变得更加困难和危险。

不过，在一些经济更成熟的欧洲国家——最著名的是荷兰，也包括比利时、法国、德国、意大利、西班牙和葡萄牙的大部分地区，自行车已经成为城市里交通的主要形式。荷兰通勤者骑自行车去学校、商店和办公室、体育馆、最近的火车站（都不会太远）。在所有这些地方，他们都能找到方便的自行车停车场。一年中大多数时间里，天气条件并不好，但这没有阻碍自行车一族。

实际上，自行车不适合穿正装的通勤者、带着小孩子的家长、买一大堆东西的购物者，或者年老体弱的人。但是，问题不是在城市中自行车能否取代汽车，而是它们可以取代**某些**汽车出行——足以看得见地减少城市的燃料消耗和碳排放。一些人可以在方便的情况下骑自行车出行，这对身体健康和享受城市环境也有好处。需要开车（或者采用其他有足够空间的形式）带孩子去踢足球的家长也可以把车留在停车场，然后骑自行车去附近的公园或体育场，天气好的时候甚至可以骑车去上班。如果城市居民能够将部分出行需要转向人力交通方式，他们的行动能够显著减少该地区的化石燃料使用。公园或河边的专用自行车道是大多数欧洲城市的标志，但是在北美只有很少的例子。20世纪60年代从阿姆斯特丹开始，欧洲一些大城市开始尝试免费的"公用自行车"。大多数计划由于考虑不周，或者规模太小而失败了，但是这些计划正在变得越来越周密。

巴黎就是一个充满希望的例子。这座城市在主要街道上为公交车、出租车和自行车设置了专用车道。（前提是职业司机可以在不威胁到骑行者安全的条件下与他们分享路权。）2007 年 7 月，巴黎开展了一项 Velib 计划，提供 10 600 辆统一设计的自行车（由大型广告公司德高集团旗下的 Cyclocity 公司提供），将它们放在市中心周边 750 个专用停车场。第二年，自行车的数量增加到了 20 600 辆，停车场增加到了 1 450 个。自行车用信用卡激活，实行电子化监控。使用者需要缴纳一小笔年费，成为 Velib 俱乐部的会员。每次使用前半个小时是免费的，之后按小时象征性地收取租赁费。

在法国里昂，2005 年引入了一个类似的系统，每辆自行车平均每天使用 12 次，95% 的使用是免费的。大多数出行是点对点的，从一个专用停车场到另一个。我们还没有这种公用自行车系统对其他出行模式影响的有效数据，它们是否替代了很多汽车出行是值得怀疑的，因为很少有巴黎人或其他偏爱自行车的欧洲城市居民在市内短途出行中使用汽车。公用自行车主要替代的是步行、公交车和地铁——在大多数目的地之间，骑自行车比乘公交车或地铁更快捷。我们没有发现能源节约或成本节约的证据。

但是，巴黎、里昂、维也纳和其他地方的公用自行车项目可能成为不久的将来，一个更有意义的项目的垫脚石——旨在减少市内和近郊通勤，进而减少远郊通勤的电动自行车，这些通勤原本大部分是使用私家车的。

下一步：电动自行车

现在，传统自行车使用者的平均出行时间不到半个小时，距离不到 5 公里（3 英里），足够一些通勤者去上班，或者大多数人前往公共交通站点。许多骑车人能够（也确实）骑得更快、更远，至少在平地上没问题。不过，我们现在把这些人当作开路先锋。现在需要靠人力实现的，未来可以靠太阳能和风能使骑行变得更容易。

人力自行车的下一步（不是取代它，而是极大地增强它）将是配备电池的电动自行车，平均时速能够达到 9～13 英里，取决于交通状况。中国的 4.5 亿辆自行车总量中，已经有至少 3 000 万辆电动自行车。1998 年中国电动自行车市场规模只有 40 000 辆，但是到 2006 年，已经扩展到 1 600 万～1 800 万辆。有超过 2 000 家电动自行车生产企业，大部分是小企业。

电动自行车和轻便摩托车在欧洲和美国很少见，但它们有能力从根本上改变通勤模式，即使在美国洛杉矶这样面积极大的都会地区。虽然汽油驱动的摩托车早就是车辆大家族中的一员，而且每英里汽油消耗量比汽车低得多，但是扩大其使用面临着巨大的障碍。一个障碍就是摩托车发生事故的危险比汽车高得多——即使开汽车的风险已经是大多数人日常所做的事情中最高的。许多人对摩托车安全性的反应是走向了另一个极端，选择驾驶笨重、高油耗的 SUV 只是因为（受到汽车公司营销宣传的鼓励）他们相信车越大越安全。

因为噪音和污染，汽油摩托车不能成为向一个更加环境友好的城市交通系统转型的一部分。虽然 SUV 产生的二氧化碳比摩托车更多，因为它们的油耗更高，但是在一氧化碳、未燃尽的碳氢化合物、一氧化氮和颗粒物（煤烟）方面，摩托车的污染要高 20 倍。摩托车或许不像有些使用者给它们塑造的形象那么"坏"，但它们确实很肮脏。对摩托车排放加以控制会严重损害性能，也会让引擎失去令人满意的轰鸣声。如果经验有指导意义的话，许多摩托车手应该放弃这种有害的装备。

反对污染和噪音的法律中存在漏洞，导致道路上摩托车的数量增加，破坏了地区的宁静，现在有必要消除这些漏洞。拥有成本将上升，这可以帮助消费者转向新选择：电动自行车。罗德岛米德尔敦市的 Vectrix 公司已经开始销售 440 磅重的零排放电动车，时速可达每小时 62 英里，使用镍氢电池（类似丰田普锐斯混合动力汽车使用的电池），电池的预期寿命是十年。Vectrix 电动摩托车的售价约为 11 000 美元。俄勒冈州阿什兰市的巴拉莫运动摩托车公司推出了更轻的 Enertia，只有 275 磅重，使用预期寿命更长的锂电池，售价约 12 000 美元。得克萨斯州奥斯汀市的 Valence 技术公司为其生产电池。

现在市场上的电动摩托车仍然比同等性能的汽油摩托车贵一点。但是它们没有尾气排放，运行成本（电力）也比传统摩托车低很多。即使电力是由燃烧煤炭或天然气得来的，电动摩托车的效率（以整个生命周期衡量）也是汽油摩托车的两倍。

普通的美国郊区的中年通勤者既不会选择马力强劲的汽油摩托车，也不会购买一辆 11 000 美元的电动摩托车去上班。但是电动摩托车的成本已经开始迅速下降，因为一方面锂电池技术发展迅速，另一方面，很快中国将提供更多更便宜的进口产品。而且，如果电动摩托车限速在 15～20 英里，它们可以使用许多城市在未来几十年的交通规划中正在建设的自行车道和专用停车场。电动自行车成本的下降可以视为交通能源服务成本的下降——能够在转型期刺激城市经济的发展。

我们期待电动自行车和摩托车很快在欧洲和美国部分地区普及，至少为城市扩张带来的交通困境提供部分解决方案。从文化上，美国人需要一种巨大的转变，从大型、强劲的 SUV 和轿车转向小型、轻便的车辆——特别是没有车门和顶棚的单人车辆。但是从电影院到视频游戏、从传统邮件到电子邮件都是一种巨大的文化变革。（从文化和经济的角度，每一种变革都只是部分替代，但是提供了一种有着重要意义的新选择。）如果城市短途出行中有 20%～30% 转向轻型电动车辆，燃料使用和碳排放的下降将有助于巩固过渡桥梁。

至于那些仍然需要汽车的人……

城市和市郊汽车问题的另一个重要解决方案是汽车共享。瑞士在 20 世纪 80 年代末首先尝试了这种方法，主要用来接驳到瑞士轨道交通系统。这一方法很快扩展到德国。美国的脚步比较慢，但是也在发展。加州大学的研究者 2007 年进行的一项调查显示，美国有

18 个汽车共享项目，成员数量正在稳步增长。根据最新的数据统计，这些项目有约 40 万会员，使用 7 000 辆汽车。

标准的汽车共享商业模式与现在巴黎开展的 Velib 公用自行车项目类似，只是汽车共享的站点主要集中在中心城区，如火车站等地。用户支付年费，以适当的费率按小时的租车（不过没有免费期）。今天这个系统的缺点在于，用户必须提前预约，然后到特定地点去取车（还车时也要还到这些地点）。在美国，4 小时的使用成本平均在 30 美元左右。对于为期几天的旅行，费率与传统的租车公司相当。许多汽车共享的尝试都失败了，但是随着经济衰退，一些城市交通转型的迹象初露端倪。对于每周只需要用车两三个小时的城市居民来说，汽车共享非常具有经济吸引力，因为使用者不必为两三个小时的使用支付七天（168 小时）的停车费、保险和折旧。

费城政府从 2004 年起与汽车共享公司签约，取消了 330 辆城市公车。最大的汽车共享公司 Zipcar 称，每辆 Zipcar 的汽车从道路上减少了 15 辆私家车，与加入项目前相比，每位会员每年少开车 4 000 英里，而且通过使用 Zipcar 服务平均每个月节约了 435 美元。这是一种真正实现双重红利和负成本的解决方案，而且用今天现有的技术就能实现。新技术将使其更具竞争力。

跟租车公司一样，汽车共享公司现在使用传统汽车。不过，由于使用模式不同——一辆共享汽车一天里可能进行多次短途旅行，（和出租车一样）其里程累积比传统汽车快得多。通常，一辆租赁用车或出租车在密集使用两年，里程表达到 120 000 英里后退役（作为二手车销售）。到那时，它将准备好换上第三套轮胎，而且表现出机械磨损的明显迹象。不过这样一辆车上有许多零件还像新的一样。这样的汽车完全适用于汽车共享业务，因为汽车共享公司会进行定期和严格的保养。对于能源过渡桥梁的目标，汽车共享至少有两方面的优点。首先，通过减少汽车保有量，减少了停车和行驶的空间需求，有助于为更紧凑的城市设计做好准备（参见下一章）。这将减少所有形式的出行距离，相应地减少燃料使用和碳排放。其次，通过缩短汽车的使用寿命（以年计），能够更快地淘汰汽油动力汽车，加速向电动汽车转变。

我们在这一章谈了这么多汽车对气候和能源过渡桥梁的贡献，却没有提到混合动力汽车，这似乎很奇怪。丰田普锐斯和其他油气混合动力汽车意想不到的成功，使混合动力汽车成为美国绿色技术革命的典型代表。它们是丰田和本田向美好愿景（和商业头脑）的献礼，也是对通用、福特和克莱斯勒不思进取的责难，后者还在嘲笑艾尔·戈尔呼吁取代内燃机的观点。但是混合动力汽车对于文化变革的作用可能超越了它们对化石燃料使用的影响，后者实际上很小。正如本书前面提到的，典型的汽油动力汽车的有效负荷效率只有1%，混合动力汽车最多能将其提高到2%～3%。混合动力汽车本身不能提供过渡桥梁的重要主梁，但却是城市移动性多重变革的一部分。

几乎可以肯定，汽车制造商会大部分使用铝和塑料来制造下一代插电式电动汽车，并使用锂电池。这些汽车的性能（行驶里程和加速能力）将稍稍优于传统的汽油或柴油动力汽车，但没有尾气排放。它们将完全适用于通勤和本地出行，但不适合长途旅行。它们的运行成本很低，但价格仍将很昂贵。未来20年里，得益于电池技术的进步、规模经济和经验积累，制造成本将显著下降。如果中心城市提供优先停车场和充电设备，全电动汽车的普及将明显加速。但是长期来看，最大的收益将来自重新规划城市，从整体上大幅度减少私家车的需要——为了应对气候变化，现在这种重新规划已经开始了。

我们可以通过比较不同类型的汽车每乘客-英里的能源效率和排放来获得有限的信息。例如，我们知道传统的柴油公交车每乘客-英里的二氧化碳排放只有小轿车的四分之三。但是在各种形式内部如何配置，与使用何种形式本身同样重要，甚至更重要。我们在本书引言中提到，能源过渡桥梁的真正关键不是新的能源供给，而是新的能源**管理**方法。公交车的调度管理能够对燃料使用和排放造成很大影响，比公交车和小轿车之间的区别还要大。小轿车每乘客-英里的碳排放为 75%，通过交通规划和城市设计的优化整合，公交车可以将这一比率降低到 17%。我们将在下一章介绍如何实现这种改进。

第 8 章　让城市为完美风暴做好准备

　　我们有两个迫不得已的理由，必须现在就为还难觅踪影的遥远威胁采取行动。首先，贯穿本书始终的话题都围绕着"减轻"的需要——短期内减少化石燃料消耗和碳排放，以减轻未来气候变化破坏的严重性，以及寻找一种更具有可持续性的增长途径，摆脱对进口石油的依赖。其次就是我们在这里强调的，"适应"的需要——为我们已经无法阻止的变化做好准备。

　　气候科学家一致同意，无论我们在缓解气候变化上做得多么好（我们最好那样），灾难性的极端天气事件都在等着我们。卡特里娜飓风只是一次热身。在构架本书的章节结构时，我们将这部分讨论放在后面，以便突出强调我们的观点，即现在和未来几年的一致行动将决定，我们是能够在即将到来的灾难面前实现经济复苏，还是会重温 20 世纪 30 年代的回忆，甚至更糟。前面已经谈到，有哪些成本有效的缓解手段来帮助我们度过接下来的四分之一世纪，不过为我们将在经济鸿沟的另一端遭遇的困难做好准备同样重要，而且是现在就开始准备。"完美风暴"——石油峰值过后的影响、基于石油的技术衰退以及气候灾难——可能在我们跨过过渡桥梁之前就酝酿成熟。

　　长期适应的第一阶段必须成为桥梁的一部分。全世界的脆弱地区都可以参考加州的情况，2009 年跨部门的气候行动团队公布了 40份报告中的第一份，报告内容围绕着本世纪海平面上升的预期影响，以及特定地区居民需要采取的搬迁避险行动。"必须马上采取行动。"环境保护跨部门团队秘书琳达·亚当斯说，"与气候变化做斗争的成本比维持原状低得多。"报告指出,有26万加州人已经住在洪水区,海平面上升1.4米,面临威胁的人数将达到48万。加州可能被淹没的公路有1 900~3 500英里。后面我们还将指出,有关海平面上升以及随之而来的风暴潮的猜测并非不切实际,真实情况可能还会更糟糕。

即使我们在转型期采取了明智的缓解战略,已经无法避免的全球影响仍然多到无法一一列举。它们将影响全球生态多样性、生态稳定性、食品供给、水资源、流行病、地缘政治,以及数百万易受影响的人的生存。在所有这些方面,如果我们真的关心我们的子孙后代(他们的前景并不像新古典主义经济学家告诉我们的那么乐观),关心人类这个物种的生存,我们就必须采取长期适应性行动,而且越快越好。虽然这些影响涉及众多不同领域,有各自的专家群体竞相准备防御措施,但它们都可以汇总为一个问题:许多城市即将面临的巨大威胁。

虽然地球上的每一座城市(就这一点而言,每一个城镇、乡村和农场)都会受到影响,但我们这里主要关心的是美国的沿海和三角洲城市,它们处在最有可能受到海平面上升和越来越频繁的飓风、风暴潮和洪水威胁的路径上。想想迈阿密、杰克逊维尔、纽约、查尔斯顿、坦帕湾、加尔维斯顿和休斯敦——这些通常被认为会受到影响的城市。再想想两个最大的美国海军基地,分别位于弗吉尼亚州的纽波特纽斯和加州的圣迭戈。想想沿河的内陆城市在暴雨或上游高山融雪来势汹涌时遭遇的涨潮:萨克拉门托、辛辛那提、路易斯维尔、孟菲斯和圣路易斯。威胁一直延伸到中心腹地:1997年春天,美国北部平原的红河开始涨潮,到4月底大福克斯市的水深比平均水位上涨了56英尺,有六层楼那么高。当时,由于电线和燃气管线被洪水冲断,火灾在建筑物高层肆虐,50 000人被迫疏散。一个参加过第二次世界大战的大福克斯人说,市中心的情景让他想起了1945年盟军轰炸后的德国城市德累斯顿。在2008年的密西西比河和密苏里河洪水中，艾奥瓦州的锡达拉皮兹市被淹没，这个城市几乎没有人买过洪水险，因为洪水被认为太不可能发生了。

永远不会是新奥尔良。

对于新奥尔良，卡特里娜飓风的悲剧未必只是历史。或迟或早，城市可能再次遭遇袭击——或许还会更严重。卡特里娜稍微转向，只是侧面掠过，但未来的飓风可能迎头痛击。对于未来的风暴潮，能够提供缓冲的湿地越来越少。半个世纪以前，密西西比三角洲包括 215 000 英亩土地，吸收了大部分飓风的冲击，但是这片土地正在以每年 1 000～3 000 英亩（**每天 2～9 英亩**）的速度被墨西哥湾侵蚀，现在剩余的缓冲区还不到原来的一半。

美国半数以上的人口居住在沿海的 772 个县。人口学家估计，到 2025 年，75％的美国人将居住在沿海地区。全世界将近三分之二的人口——约 40 亿人——居住在距离海岸线 90 英里以内，上亿人居住在人口比新奥尔良多 10 倍、20 倍的城市中。如果现在被一场四级或五级飓风和风暴潮正面袭击，其中一些城市会毁于一旦。而且，随着海平面上升，海潮的波及范围在扩大。在孟加拉国或密西西比三角洲这样的地区，海潮的起始高度上升 1 英尺，洪水就会向内陆多波及 1 英里。

对未来海平面上升的预测差别很大，主要是因为南极和格陵兰冰盖的融化速度不确定。（北极冰盖的融化不会使海平面上升，因为浮冰取代了下面的水。）IPCC 的预测是到 2100 年上升 11～88 厘米（5～40 英寸），但是这个可能性范围太大了。IPCC 的第一份报告指出，北冰洋到 2100 年可能不再有冰。后来的估计将这个日期提前到了 2070 年，然后又提前到 2050 年。现在看来，传说中的西北航道可能在 2020 年打开，或者更早。这对超大型油轮是个好消息，但是对北极熊和许多其他物种是坏消息——对我们也是。

NASA 戈达德空间中心主任詹姆斯·汉森更加悲观。早在 20
世纪 80 年代，汉森就向美国政府提出了气候变化威胁的警告，
他认为 IPCC 的预测没有考虑南极冰盖迅速融化的可能性（IPCC
的科学家认为这是一个无法预测的因素），如果海平面继续像
1950 年以来那样加速上升，到 21 世纪末将上升到 5 米——到那
时我们的孙辈还活着。更令人不安的是艾尔·戈尔描述的最糟糕
的情景：如果格陵兰和西南极洲冰盖破碎融化，海平面上升将高
达 12 米。

这会对美国城市造成什么影响？如果你看过戈尔的电影《难以
忽视的真相》，你就会知道纽约将会发生什么事。再见，华尔街。不
过现在，抛开那个《圣经》中的末世场景，只考虑 IPCC 更保守的估
计（88 厘米）——或许谨慎地参考汉森的部分观点。

在纽约，为美国全球变化研究项目工作的哥伦比亚大学和
NASA 的科学家预测，到 2080 年海平面将上升 4～35 英寸，稍稍低
于 IPCC 的预测。对于熟悉纽约的读者，有必要特别提出哥伦比亚/
NASA 的两位科学家，辛西娅·罗森茨魏希和维维安·戈麦斯，她
们计算出如果海平面上升 18 英寸，一场（中等强度的）三级飓风掀
起的海潮将淹没洛克威、康尼岛、布鲁克林和皇后区的大部分地区、
曼哈顿下城，以及东史坦顿岛。整个地铁系统将被洪水淹没。在另
一项研究中，项目科学家预测一场三级飓风的直接冲击掀起的海潮，
在肯尼迪国际机场将高达 25 英尺，在巴特雷 24 英尺，在林肯隧道
入口处 21 英尺。科学家没有说如果海平面上升得更高，或者一场四
级或五级飓风将造成怎样的结果。

在休斯敦，2008 年一次关于未来飓风威胁的论坛上，研究者肯
定在艾克飓风期间得克萨斯海岸的海潮达到了海平面以上 17 英
尺——内陆 10 英里处水深达到 5 英尺。到 2020 年或者 2030 年，即
使海洋只有最微小的扩张，或者遭遇一场更严重的飓风，潮水还会
来得更远、更深。在加州，2009 年跨部门报告对海平面上升的预测

与 NASA 科学家在纽约提出的差不多，旧金山和奥克兰的机场将被淹没，还有超过 330 座垃圾处理厂。

如果汉森的预测或者戈尔的最糟糕情景变成现实，我们将分不出曼哈顿下城和中城，或者加尔维斯顿和钱伯斯，那些失去家园的人也不会勇敢地站在电视新闻的镜头前发誓说要重建。美国海岸线的广大地区将永远或周期性地被海水淹没，可能无法居住，必须在海拔更高的地方重建。如果冰盖完全融化，半个佛罗里达将消失。到那时，如果我们和我们的孩子够明智，大部分沿海和沿河城市就必须搬迁。大多数城市和乡镇，不管是不是处在风暴袭击的路径上，都必须对能源管理进行革命性的变革。

重申一遍，我们不是预言家。我们只是指出这些无法被绝对排除的情景，及其灾难性的后果。或许事先投资于一些预防措施是有价值的。这一成本肯定比灾后清理和重建低得多。

城市的新陈代谢

城市不是准备迎接袭击的固定目标。与人体组织一样，它们会持续不断地生长、更新、应对威胁和适应。也像所有组织赖以生存的生态系统一样，它们对能量和物质进行处理，排出废物。这些事情做得好不好，将决定它们应对灾难的水平。

打个比方说，没有经过训练的普通人在累倒之前可能最多能跑半英里——在能量系统失效之前。一个经过严格训练的"超级"长跑者可以跑 100 英里以上，只需要几次短暂的（两三分钟）停歇，补充水、蛋白质或排泄。区别在于长跑者的能量系统的效率——使用一种与没有经过训练的人不同的系统，总输出可以增加 200 倍。这是所谓"可持续性"真正含义的自然证据——一个系统可以通过维持输入和输出比率的平衡运行很长一段时间。没有经过训练的人以缺氧的方式使用能量——不能为跑步制造足够的氧气，而且累积废弃物的速度太快，来不及排出，比如乳酸。他欠下了"氧气债",跟数额太大还不起的金钱债务非常类似,最后不得不停下来。长跑者得益于他所受的训练,以有氧的方式运动,依靠更有效率的循环系统为肌肉提供氧气和能量,足以跟得上消耗的速度。[①] 通过避免氧气债或糖原耗尽,他能够连续奔跑好几个小时,而不是几分钟。

以同样的方式,城市可以实现更高的能源效率——以及更高的承受冲击的能力,这并非偶然。从工业生态学的角度,美国城市(以及世界上大多数城市)都是走形的。循环系统的比喻非常恰当。我们经常把城市周围的高速公路比作"动脉",这个词不再是个比喻,也不必被当作一个比喻。血管栓塞会危及人的生命,特别是如果这个人受到突然的压力。同样,城市承受气候变化冲击的能力也会因为拥堵而严重削弱。我们已经看到当飓风袭击新奥尔良这样的城市时发生的事,人们无法离开——这是一种形式的城市血栓。如果一个沿海城市被风暴潮袭击,糟糕的交通状况和不充分的公共交通对大多数人口将是致命的。

但是问题还不只出现在紧急情况下,城市糟糕的交通状况还造成了化石燃料的过度消耗,导致不必要的二氧化碳和其他温室气体排放:

● 开车时走走停停(如果你血管中的血液也这样呢?)导致燃油经济性低下。实际上我们把这种循环系统的不规律当作平常的事,我们为高速公路和城市交通分别制定了不同的燃油效率标准,就是我们的城市功能失调的证明。

● 严重依赖传统的汽油动力汽车,而不是更多依赖快速公交、

---

① 女性长跑的发展是一个非常有意义的案例,说明了如果激励足够强,社会能够多么迅速地提高能力。1984年之前,奥运会没有1 500米以上的女子长跑项目,因为人们相信女性奔跑更长距离(超过1英里)会损害身体健康。经过积极的努力和斗争,国际奥委会改变了政策。1984年,活动家之一琼·贝努瓦赢得了第一块女子马拉松奥运会金牌,而以她的成绩在几十年前就可以获得男子金牌。今天女性能够参加100英里及以上的正式比赛。在能源管理方面,城市可以从琼·贝努瓦身上学到一些东西。

电动汽车、轻便摩托车、自行车和步行，导致人均能源消耗超过必需的水平。

● 郊区扩张导致人均出行距离更远，无论是通勤、购物、教育还是娱乐。

这些弊端已经在其他地方被充分讨论。我们在这里再次提起，主要是强调即使不从沿河和沿海的原来位置迁走，城市也是不断重建和更新的。随着时间的推移，我们可以重新设计它们的循环和新陈代谢系统。在能源过渡桥梁架设时期，整个城市区域需要经历重新设计的第一阶段。虽然城市设计的主要目的是减少能源使用和排放（减轻），但重新设计也能提供更多机会，为未来气候变化带来的不可避免的破坏做好准备（适应）。

移动性

城市区域相当大比例的个体移动能够从汽车转向自行车和电动自行车，显著减少能源使用和排放，另一部分（包含重叠的部分）可以转向公共交通并带来类似的收益。虽然许多美国人不愿意放弃汽车，但是随着拥堵越来越严重，这种选择变得越来越有吸引力。[1]上百万纽约人（以及巴黎人、罗马人、柏林人和阿姆斯特丹人）要么没有汽车，要么只有在周末出城时才开车。对于市内出行，他们发现地铁和公交系统更方便。毕竟不必为地铁列车寻找停车位。即使在面积广阔的洛杉矶，公共交通也变得流行起来，通勤列车和快速公交系统都吸引了越来越多的通勤者，心甘情愿地放弃开车驶过I-10号公路、文图拉高速公路和其他道路去上班，告别堵在路上的沮丧和愤怒。

对于过渡桥梁战略，新的 BRT 系统得到了特别关注，因为它

---

① 世界银行的一项研究发现，在北京，一条新的快速公交（BRT）线路将驾驶私家车平均 60 分钟的行程缩短到了 37 分钟。

们比轨道交通系统更快捷，也更便宜。BRT 最早出现在巴西城市库里提巴，规划者半个世纪之前就预计到了人口和汽车数量的增长将需要道路系统的大规模扩张。作为另一种选择，他们对城市的发展进行了重新规划，不是随意地向各个方向扩张（像大多数城市那样），而是从中心"枢纽"沿着 BRT 线路按指定的走廊辐射发展。

与传统公交不同，BRT 系统有一些与地铁系统相同的特征：没有信号灯或交通拥堵的畅通性、更频繁的班次（在库里提巴的一些线路，每一分半钟就有一班车经过），以及与车门槛同样高的站台——这加快了乘客上下车的速度。今天库里提巴有 220 万人，其中 70% 利用 BRT 通勤。与其他八座同等规模的巴西城市相比，库里提巴的人均燃油消耗要低 30%。

轻轨系统的建设周期更长，成本也更高，但是跟库里提巴的公交系统一样，它们能够为城市的新陈代谢系统带来更多的秩序和效率。休斯敦轻轨 2004 年开始运行，预计到 2020 年每天的乘客人数将达到 45 000 人。事实证明轻轨的普及程度远远超过预期，2007 年就达到了这个目标。北卡罗来纳州夏洛特市的山猫蓝线轻轨预计在第一年乘客人数达到每天 9 000 人，结果运行第 9 个月就达到了 16 000 人。不仅在纽约和旧金山，而且在全美国都有上百万人希望从这里去那里时不必血压飙升，私家车的时代结束了。

在燃料使用和碳排放方面，BRT 比其他交通运输系统有着巨大的优势。一项对洛杉矶两个新 BRT 系统（沿着威尔夏大道和文图拉大道）的研究发现，它们每年能够节约 19 000 桶石油。华盛顿的美国突破技术研究所测量了不同城市交通方式每位乘客的二氧化碳排放，每乘客-英里的大致结果如下（单位为克）：

私家车　　　400

传统 40 英尺柴油公交车　　　275

轻轨　　　210

　　60 英尺混合动力 BRT　　　125

　　40 英尺压缩天然气 BRT　　　65

　　毫不奇怪，在《京都议定书》签约国家，BRT 系统已经成为城市规划的核心。哥伦比亚、智利、中国、老挝、巴拿马、秘鲁和巴西都在建设这样的系统。到 2009 年，已经有 63 个 BRT 系统在六个大陆上运行，至少还有 93 个正在建设中。这些还只是一小部分潜力，帮助我们在过渡桥梁时期减少全球能源消耗，降低在风暴来临时由于交通拥堵造成疏散失败的风险。

建筑

　　让城市在上升的海平面、风暴潮和洪水面前不那么脆弱的主要工具是提高建筑标准——可以参考近年来日本和加州制定的提高建筑抗震能力的标准。

　　新标准必须马上解决的危险是——如果海堤或大坝决口——天然气管道和电线，以及用于烹饪、冷藏、照明和净化水的设备遭到破坏的危险。你可能想不到洪水带来的最主要的危险是火灾，但是正如前面提到过的，1998 年大福克斯市的洪水，洪水泛滥之后的情景不仅是建筑物淹没在水中，而且它们的高层还燃烧着火焰。危险不仅有火灾，还包括触电、饮用水污染和疾病。在这些地区，建筑标准和建筑师必须将建筑物的电力设施移到高层，最好是在屋顶上或屋顶下。如果电网瘫痪，备用的太阳能发电（或者独立的微发电系统）将提供多一重保障。

　　这里，我们应该暂停一下，区分两种不同的关注点：城市抵御气候灾难的能力和日常以高能源效率运行的能力。后者对能源过渡桥梁非常重要，因为它适用于所有的城市和城镇，无论它们在不在气候灾难的路径上，而且未来如果灾难真的发生，高效率能够缓解其严重性。在一个互联互通的世界，高海拔的丹佛更高的能源效率，能够对保障易受飓风袭击的休斯敦的未来安全有所帮助。在灾难风险不同的区域，我们可能需要不同的建筑标准和电力设施，但是无论在哪里我们都需要高水平的物质和能量使用效率。

近年来，我们看到从普尔特房屋公司（到2008年已经建设了超过15 000座能源之星认证房屋）提供的"节能屋"到"零能耗建筑"日益普及。如果在零能耗设计中再加入太阳能光伏，该建筑则可以成为"正能源"建筑，意思是它生产的能源比使用的多，主人可以将多余的部分出售给电网。对于那些不想配备需要蓄电池或燃料电池等离网系统的人来说，电网可以作为无限的存储设备。随着插电式电动汽车变得更加普及，汽车电池作为一个整体可以提供更多的存储能力，有助于满足电网平滑高峰和低谷时段的用电需求。

虽然改造的成本较高，但从头开始设计节能屋或零能耗建筑，特别是如果整个周边地区都参与进来，将为能源过渡桥梁提供又一个低成本、高回报的重要机会。例如，在中国广州，一座新的71层写字楼珠江大厦，结合了高能源效率的设计和太阳能、风能发电，运行的净能源消耗为零。

最后，所有的都市和城镇都将投入工程和设计改进，改造将为国家的能源效率和微发电带来持续的收益。大部分老式建筑将进行适度改造（更换原来的单层窗户、减少热量泄漏、增加保温层等），但也有一些会进行彻底改造。在加州的圣何塞，综合设计事务所对一座20世纪60年代的倾斜的混凝土建筑进行了结构改造，2007年重新开放时，这座建筑被称为"z平方"建筑——实现了零能耗和零排放。它使用了一系列已经成熟的节能技术，如优化利用太阳光节约日间的电力照明、利用地源热泵提供冷气、采用更先进的保温层和低辐射（双层）玻璃窗等。

建筑中削减能源使用的最大潜力在于减少空间供暖的需要。实现这个目标不需要开发新技术，已经证明有效的技术就能做到，如高隔热的保温层、低辐射玻璃窗和被动式太阳能设计等。最好的证据是几年前开展的欧洲被动式节能屋项目，这个项目已经实现比现有的（通常是非常老旧的）房屋减少能源使用 90％～95％，比一般**新**房减少 50％～65％。欧洲第一座被动式节能屋 1990 年在德国达姆施塔特建成，比当时的标准新房节能 90％。在德国，每平方米现有建筑的年平均能源使用为 210 千瓦-时（KWh），一般新建筑为 95KWh，被动式节能屋为 20KWh。到 2007 年，德国大约有 8 000 座被动式节能屋。这个数字只占德国房屋总量的 1％，但是最初的许多制度障碍现在已经松动，建设的步伐正在加快。

在奥地利，冬天非常寒冷，每平方米现有房屋的年一次能源消耗大约为 240KWh，一般新建筑为 130KWh，而被动式节能屋仅为 20KWh。奥地利的第一座被动式节能屋建成于 1995 年，第二年建成了三座，到 2006 年，已经有 1 600 座。随着市场以指数方式增长，奥地利预计（在 2008—2009 年经济衰退之前）到 2015 年每年建设 50 000 座节能屋。大多数欧洲国家都循着类似的道路。在挪威，人们拥有应对严寒的无与伦比的经验，现有房屋的能源使用已经很低，只有每平方米每年 100KWh，但新的被动式节能屋能将这个数字进一步减少到 10KWh。

在启动被动式节能屋项目时，欧洲议会的目标是到 2015 年，让所有的新建筑都符合新标准。为了克服可以预见的市场和实践中"一切照旧"的障碍，议会发起了欧洲被动式节能屋推广行动，通过网络向所有利益相关者提供方便获取的信息——包括建筑师、建筑工人、城市规划者、金融机构、国家政府、房主和租客。随着时间的推移，这种转变将显著减少欧洲的能源需求，而且看起来已经有了一个不错的开局。在美国，第一座被动式节能屋（位于加州伯克利）到 2009 年还没有完工。

在那些可能整个街区都需要搬迁或重建的美国城市，从头开始重新设计反而成了一种便利，可以将许多改造中不可能实现的考虑付诸实践，如建筑和街道的朝向，以便最好地利用太阳光和

更有效地利用居住空间。我们可以将整个地区的屋顶设计为太阳
能接收器，这些地区的净能源使用和排放可能降到零。如果市政
府意识到将正常的新开发计划与低洼地区的迁移协调起来的重要
性，他们将获得三重收益：减轻未来的全球变暖、避免全球变暖
可能带来的风暴潮的破坏，以及为经济复苏和增长提供急需的新
刺激。

屋顶革命：太阳能光伏的机遇

长期来看，随着老式建筑逐渐被替代，零能耗、z 平方或被动式
节能屋等先进的房屋建筑技术能够提供惊人的能源节约。不过在短
期，这些收益的潜力有限，因为更先进的技术需要应用在新建筑上。

随着太阳能光伏（PV）发电[①]成本的下降，进展缓慢的现状可
能会有所改变。随着电力公用事业的分散化和城市的重新设计，PV
的潜力得到充分开发需要几十年，但是其第一阶段是过渡桥梁的重
要组成部分。PV 成本下降迅速——即使在股票市场整体低迷的时期
也足以使太阳能制造企业的股价上涨。

普罗米修斯可持续发展研究所估计，屋顶太阳能板的先期成本
从 2004 年的每瓦 6 美元下降到了 2009 年的每瓦 5 美元，到 2013 年
以前还会进一步下降。地球政策研究所预计下降速度还会更快。美
国领先的薄膜光伏制造商，第一太阳能有限公司总部设在俄亥俄州，
在马来西亚和德国都有工厂，公司已经开发出了一种高效的碲化镉
薄膜光伏电池制造工艺，比过去的多晶硅电池要便宜。第一太阳能
有限公司估计在不远的将来，制造成本能够降至每瓦不到 1 美
元——这一成本将能够与燃煤中心发电厂相竞争。

----

① 未来太阳能发电的重要性背后，是一个简单却很少有人知道的事实：太阳每天提
供的能量相当于人类一年使用的量。问题是大部分阳光过于分散，而且照射在不需要的地
方，无法进行最优化的工业利用。光伏电池可以帮助解决这一问题。

这个光明的前景上空至少可能出现两团乌云：关键材料的稀缺和过期报废的太阳能板的有毒废物问题。碲是极其稀少的——地壳中的含量只有十亿分之一（ppb），举例来说铂的含量有 37ppb。碲是铜精炼后的副产品，科学家还不知道可以从哪种矿物中提取它。第一太阳能公司的工艺要求每平方米薄膜使用 10 克碲（以及将近 9 克镉）。加起来相当于每吉瓦（GW）135 吨——几乎刚好等于 2007 年除美国以外全世界该金属的全部产出。如果我们将其全部用来制造太阳能板，它们的全部产能只有美国总发电量的 1％的十分之一。

幸运的是，还有其他的可能性，而且研究正在提速。其他薄膜可能被研发出来，全世界光伏正在持续快速增长。在那些政府为支持光伏产业提供强烈刺激的国家，增长最为迅速。德国制定了一套"接入"收费表（要求公用事业为来自小型生产者的电力支付溢价），到 2007 年德国已经有 30 万座建筑物安装了 PV 屋顶——占全世界总量的 57％。

在美国，《2005 年能源政策法案》规定安装 PV 可以对建筑成本享受 2 000 美元的税收抵免，受到该法案和加州"百万太阳能屋顶"项目的刺激，2007 年 PV 的安装数量跃升了 83％。但是美国的安装总量仍然只有全世界的 7％，远远落后于其他几个国家。尽管从 2002 年起全世界 PV 生产以每年 48％的速度增长，到 2007 年达到 3 800 兆瓦，但美国的产量排在日本、中国、中国台湾和德国之后。

长期来看，《2009 年美国复苏与再投资法案》为可再生能源项目分配的 600 亿美元投资将有助于刺激已经落后的美国采取行动，朝着更加可持续的城市经济努力。但是正如我们强调的，短期内更需要的是投资于那些能够更快降低能源服务的成本和碳排放的项目。乱枪打鸟式的复苏法案没有对能源循环利用、CHP、公用事业分散化或过渡桥梁的其他主梁提供目标明确的支持。

选择盔甲还是选择灵活性

对于处在灾难路径上的地区来说，一个迫在眉睫的问题是遭到破坏的地区是应该重建还是搬迁。这个问题还没有进入公众的视野，但是下次一场卡特里娜规模的飓风或者更大的气候灾难袭击北美城市时，人们就会意识到了。对于那些希望未雨绸缪的人，这个问题的一个更直接的提法是，最有效的战略是用更强大的防洪堤坝和海堤"武装"城市的海滨，还是开始后撤发展，不再等着检验盔甲是否足够坚固，足以抵御下一次袭击。

对于所有易受影响的地区，不存在唯一的正确答案。一些城市的灵活性更差。在纽约曼哈顿哪儿也去不了，那里摩天大楼密集、基础设施和资本投资过于庞大，即使在海平面上升和风暴潮袭击的最糟糕情况下，或许武装也是唯一的选择。纽约医院的安东尼·维纳 2007 年说，纽约最没有得到充分利用的资产是海滨，他提出了将海堤建设与后石油时代的基础设施建设结合起来协同发展的可能性，比如建设环曼哈顿岛的太阳能光伏带，以及环岛电动自行车道和步行道。但是对受影响较小的区域，用巨大的城墙包围城市可能就比有秩序的迁移成本高得多。对新奥尔良，长期来看依靠防洪堤提供保护就是妄想。

历史上，在飓风或洪水中失去家园的人的第一反应就是站在电视镜头前，宣布："我们会重建家园。"约翰·麦克菲在《自然的控制》一书中讲述了这样一个故事，一家人在圣加布里埃尔山脚下建造了他们的梦想之家，这个地方就位于两种完全可以预见的危险的路径上——山火和泥石流。周期性地，当火灾之后暴雨侵蚀该地区陡峭的山坡，饱含水分的地面就会发生灾难性的泥石流。一天晚上，一场泥石流从这家人房子后的峡谷中倾泻而下，冲毁了后墙，淤泥很快就充满了整个房子。当淤泥开始升高，这家人撤退到二楼，爬到床上，但床已经快漂到天花板了。家人抬头看着床与屋顶之间越来越小的空间，相互告别，然后泥石流停止了。这次死里逃生的经历对这个家庭和像他们一样住在峡谷里的其他家庭都是一个残酷的提醒，泥石流是反复发生的。但是被问到将要怎么做时，他们说要在原来的地方重建家园。

几乎在全世界任何地方，从 2004 年苏门答腊海啸到 2008 年美国中西部的洪水，这是每一次自然灾害过后，流离失所的人们的共同反应。新奥尔良也不例外。但是当被摧毁的地区扩展到整个海岸或者冲积平原，发誓重建并且用更高更坚固的海堤保护海滨地区，这就有点像一个在决斗中被更强大的对手击倒在地的中世纪骑士的反应了。爬上马背再战一轮有意义吗？这可能能彰显勇气，但是如果骑士珍惜他的生命，这样做明智吗？对于一个有所防护却被夷为平地的地区，这可能取决于撤退是否可行。对于荷兰或纽约市，实际上无路可退。所以荷兰人开展了规模庞大的工程项目来保护他们的国家，这显然奏效了。但是荷兰的解决方案极其昂贵，而且在其他许多地方并不可行——在海平面上升的最糟糕情况下可能也不会奏效。

在城市规划者和公务员中，我们看到对气候变化所带来的危险的觉醒已经成为一种普遍现象，但是对他们自己的职权范围还不构成直接的威胁。2005 年 2 月 16 日，《京都议定书》最终生效的日子（美国几乎是主要工业化国家中唯一拒绝签约的），美国市长会议提出了《美国市长气候保护协议》，旨在通过地方的努力推进《京都议定书》目标的实现。这一协议要求参与城市通过采取各种行动，从反对扩张式的土地使用政策到开展城市森林复育项目，"在自己的社区努力满足或超越《京都议定书》的目标"，以及"敦促各自的州政府和联邦政府制定政策和计划，满足或超越《京都议定书》对美国提出的温室气体减排目标"。710 座城市的市长签署了这份协议。

在政治上，将气候变化作为一种普遍威胁与之斗争相对容易，在某种程度上还是一种分散注意力的做法，而将某人自己城市的整个街区迁到危险路径之外，这种特定、高成本、得罪人的任务则要困难得多了。仅仅提到这种搬迁也像是捅了马蜂窝，一个重要原因可能是人们感觉这样一个项目远远超出了地方政府的传统功能和责任，也超出了其财政能力。在第 4 章"看不见的能源革命"中，我们提到公司积极追求能源效率的一个障碍是，许多经理认为，能源效率不是他们公司的"核心业务"。类似地，对许多公务员来说，预测和防御他们的城市未来可能发生的灾难，似乎也跟防范军事入侵一样超出了他们的核心业务范围。

一个相关的障碍是政治家（通常更多是追随者，而不是领导者）不愿意表达主流之外的观点。马克·吐温在 1905 年就说，一个人越聪明，就越会持有不受欢迎的意见而不表达出来，因为"表达的代价过于沉重，它能毁掉一个人的事业，夺走他的朋友，让他遭受公众的侮辱和谩骂……"倡导可持续发展的政策现在已经成为时尚，但是在天空仍然蔚蓝、看不到飓风影子的日子里，提出是时候开始疏散却过于激进了。如果说很难让新古典主义经济学家认识到，他们长期以来抱持的期望已经遭到严重破坏，那么让公务员认识到这一点也同样困难。

不过，事实是灾害路径上的大迁徙终将发生，即使城市还没有做好准备。问题在于是像一个穿盔甲的骑士，还是像一个柔道专家一样做好准备。是依靠坚固的海堤还是回避沉重打击，如何选择将成为公众讨论的焦点。这个问题最早出现在 1993 年，整个夏天密西西比河沿岸九个州洪水泛滥，摧毁了 50 000 座房屋和 1 500 万英亩农田。这场灾难给联邦洪水保险项目造成了沉重的负担，引起了一场严肃的政治讨论，保护人们的最好方法是建设更高、更坚固的防洪堤，还是让他们迁出洪水易发地区。当时的决策是将许多农场从低海拔地区迁出，但是在高度发达的沿河城市，如得梅因和圣路易斯，修建更高的堤坝来加强防御。

不过有一个例外，可能可以成为有指导意义的先例。伊利诺伊州的瓦尔梅耶市位于圣路易斯以南约30英里，整个城市被洪水夷为平地。每个看到那幅场景的人都清楚，如果在原来的地点重建城市，迟早还会被洪水冲毁。事实证明，如果他们这样做了，2008年夏天这一幕就会重演。但是1993年的洪水过后，地区规划委员会决定将整个城市搬到2英里外、海拔高出400英尺的地方，重新安置的居民能够安全地从他们的窗户俯瞰河水咆哮着从远处流过。

瓦尔梅耶的搬迁不仅为避免未来的灾难，而且为在后石油时代的未来做好更全面的准备提供了机会。在州和联邦机构，以及可持续重建工作组的帮助下，瓦尔梅耶被设计成全国能源效率最高的社区之一。警察、消防部门和一些市政部门都在新的应急服务大厦办公，大厦采用了最先进的太阳能和能源效率技术，新的学校、图书馆、公寓大楼和老年中心都采用了这些技术。新的独立家庭住宅都采用了高隔热保温层、低辐射玻璃窗、低流量淋浴喷头、节水马桶和高能源效率的冷暖空调。已经开始有研究评估利用风力发电供应整个城市的可能性。

当然，像瓦尔梅耶这样只有950位居民的小镇跟一座真正的城市有着巨大的区别。但我们也不是说整个城市都需要搬迁——只有那些海拔最低或者位于海滨的街区需要。建设新瓦尔梅耶用了500英亩土地。在那些一旦发生灾难可能需要重建的地区，大多数美国大城市在高海拔地区至少都有这么大面积的土地——即使只高出几米。

在为应对气候变化重新设计城市时，冲击可能来自飓风、洪水或者导弹袭击。但是这个划时代的计划也可以刺激整个城市区域资源效率的升级。例如，海堤建设或重新安置项目将引起人们对城市设计可能性的高度关注，如改造现有建筑，加装太阳能光伏屋顶和更好的保温层。在这些努力中，至少有四个最重要的关键目标：

1. 节约空间的发展——高海拔的新街区将比原来在低海拔地区的街区更紧凑。好处包括缩短了家庭、工作、购物和其他区域之间的距离，意味着每个人的出行距离减少，人们可以通过电动自行车、自行车和步行实现的出行比例更大，从而减少人均里程和每英里的能源消耗。城市中用于道路的空间减少，意味着吸收太阳光和热辐射（城市热岛效应）的黑色表面减少，这些热量将直接加剧全球变暖。

2. 以公共交通为导向——在一些美国城市，规划者在合理规划地铁线路时，地铁对荒废地区的复兴作用也在考虑之内。例如，华盛顿批准了一项地铁线路延长计划，因为它能为白宫东北一英里处的地区带去新的活力，那里的废弃建筑和大片空地已经成为犯罪的温床。类似的考虑也出现在洛杉矶荒废地区的改造计划中。在从零开始的高海拔发展计划中，公共交通（最有可能是快速公交）可以先行，让新的建筑设计都围绕着它进行。工程师可以预先在系统之内设计汽车共享站点，而不像现在这样作为城市发展的马后炮。类似地，工程师可以为插电式电动汽车设计一个充电桩网络。这样从头开始计划的结果，将比临时起意、主次颠倒的重新设计成功得多。

3. 以居住空间为导向——当公共交通成为个人出行的主要手段，私家车退居其次，我们可以在不牺牲居住空间的前提下实现更高的紧密度。空间节约来自道路，而不是厨房或起居室。当汽车交通变得不那么重要，规划者甚至可以提供更多的户外生活空间（公园和步行道），让人们享受更清洁的空气和更安全的邻里环境。自行车道、步行道和慢跑步道的网络可以扩充公共交通，让碳水化合物而不是碳氢化合物来提供移动性，从而大幅度减少碳排放（只有人和他们的猫狗呼出的二氧化碳），并且让城市人口更加健康。

4. 低能耗、低排放的建筑——易受影响地区搬迁的一个重要前景是，新设计为减少能源使用和碳排放提供了更多的机会，而不是障碍。正如欧洲被动式节能屋项目显示的，老式建筑的能源效率极低——在欧洲城市，许多建筑是几百年前的石头建筑，能源效率的改进主要来自新建筑。在美国，木结构房屋的比例很高，为了满足不断增长的人口的需要，拆除旧建筑和建造新建筑的速度都很快，先进的新建筑带来的收益还会更高。有理由期待在能源过渡桥梁时期，在那些洪水肆虐、汽车尾气严重、电力短缺、孩子们被绝对禁止在街上乱跑的地方，我们能够将一大部分美国建筑升级为净能源使用和净排放为零的节能建筑。

第9章　水与能源的联系

"石油峰值"已经成为一个广泛关注的问题，频繁出现在从学术专著到无聊小报、石油峰值博客、石油公司工程师和经理们频繁召开的非公开会议上，以及石油公司的损害控制广告中，旨在向我们保证还有一个"石油的海洋"等待我们去发现——只不过价格要高一点。技术上，石油峰值将是一个划时代的时刻。现实中，可能直到它过去以后人们才能认识到。我们最需要关心的是这个认识发生以后的时代。根据预计，一直到本世纪中叶世界人口都会持续增长，而全球石油产量将在那之前几十年达到顶峰，供给和需求之间的鸿沟将以惊人的速度开始扩大。

对那以后将发生什么进行详细的预测是不可能的。但是我们可以相当肯定，如果我们不能在那之前跨过能源过渡桥梁（我们很可能做不到），世界秩序将面临严峻的考验。伊拉克战争被普遍认为主要是为了石油，除此以外，我们还看到了其他可能的麻烦的征兆：中国在苏丹的巨额投资，尼日利亚的石油经理绑架事件，索马里海岸石油运输船的劫持事件，得克萨斯油井明目张胆的盗窃行为，以及关于北极冰盖下、人类居住区和北极国家野生动物保护区未来石油开采权的激烈争论。

我们已经从世界不断增加的淡水资源争夺中看到了惊人相似的例子。与石油不同，水不会"用尽"，至少字面意义上不会。但是我们也看到全世界淡水供求之间不断扩大的鸿沟。事实上，从单位资本的角度，我们已经度过了"水峰值"。随着土壤含水层被抽空而没有补充，冰川融化流入海洋，地球上可获得的淡水总量在下降。

从水和石油的例子中，我们都看到了内乱的前兆：在印度，农民和一个可口可乐瓶装厂爆发冲突，争夺对不断减少的土壤含水层的开采权；在中国，由于地下水水位的迅速下降，冲突出现在农民、工厂和城市居住者之间；在北美洲西部，城市正在加速从需要现金的农民手里购买水权；加州、内华达、科罗拉多、亚利桑那和相邻的墨西哥卷入了一场旷日持久的冲突，争夺科罗拉多河的水权，现在这条河流到哪里哪里就立刻被抽干了。近年来，就像"石油战争"这个词开始频繁出现一样，"水战争"也是。写作本书时，谷歌搜索显示"石油战争"有 6 800 万条搜索结果，"水战争"有 1.37 亿条。

在公共讨论中和媒体上，即将发生的石油和水的短缺被当作不同的问题来对待。但是它们在两个方面是紧密联系在一起的。

首先，在生态学层面，水和能源都是生命的基础——对每个组织或群落的新陈代谢都至关重要。离开水的能源，无论是来自太阳还是包含在食物或燃料中，都无法维持一个人、一条狗或一棵树的生命。

其次，在工业层面，水对于从原材料中提取有用形式的能量，以及将可用能应用于人类文明的各个主要行业都至关重要，包括农业、制造业、建筑业和能源产业本身。生产能源中使用的水（主要是发电厂用于冷却）不比其他任何用途少，或许只除了农业灌溉。工业和居民生活都需要水。水是自然界最好的溶媒，是工农业使用的化肥、颜料、清洁剂、染料、墨水、酸和碱的主要载体，是人类排泄物的载体，也是热量的主要载体。

有用功不一定要由燃烧石油产品，如汽油和柴油来提供。但是只要内燃机和蒸汽涡轮机继续发挥主要作用，水和石油的关系就会变得越来越麻烦。我们正在进入一个淡水和石油（或天然气）的使用权冲突会导致战争的时代。任何一个的短缺都会威胁到另一个的供给。水和油不相溶，这句话的含义已经超越了字面意义。为了理解这种联姻的危险性，我们来仔细审视水在当今世界中的位置以及它与我们现在的能源系统的交叉点。

地球上大部分淡水都以冰的形式存在，主要在南极洲和格陵兰，以及一些高山冰川，主要在喜马拉雅山脉和安第斯山脉。剩下的液体部分，数量最大的是一些湖泊，如北美五大湖、东非大裂谷的湖泊，以及加拿大北部和西伯利亚的湖泊。还有四分之一在亚马逊盆地及其支流中循环。全世界，季节性的高山融雪为主要河流提供了水源，如美国的圣劳伦斯河、密西西比-密苏里河、哥伦比亚河和科罗拉多河，以及许多其他河流。这些河流是人类使用的淡水的两大来源之一。例如，在加州，内华达山脉的融雪流入美利坚河和萨克拉门托河，是该州 3 700 万人的主要水源之一。世界上大部分地区的另外一个主要水源是降雨。

融雪和降雨都具有典型的季节性。大部分大陆都有春季径流，南亚的雨季会带来过剩的降水，然后随之而来的是几个月的干旱。所以，水在充足时应该被储存起来，无论是用土壤含水层、水库还是蓄水池。有趣的是，水存储的问题与太阳能或风能存储非常类似。对能源的需求是一周 7 天、一天 24 小时不间断的，不管是不是出太阳或者刮风。迅速发展的可再生能源行业的一个主要任务是极大地改进能源存储和配送技术及其基础设施。除了化石燃料储备，我们现在最大的能源储备系统也是最大的水资源储备系统：水电站上方的水库。

但是水电在美国能源供给中只占很小的比例，而且不太可能增长。在许多水库，我们抽水的速度比自然补充水分的速度快。例如，在内华达州博尔德水坝下方，米德湖的水位在过去 20 年里下降了100 英尺——部分原因是附近拉斯维加斯的发展，还有部分原因是为了满足莫哈维沙漠另一端南加州的需要。开发高效率、小规模的电力存储设备的需要变得越来越重要，这也是我们强调需要从化石燃料向间歇式的可再生能源，如风能和太阳能过渡的原因之一。类似地，数十亿人居住在旱季和雨季或季风季节交替的地区，水存储也变得越来越重要。

当人口较少、人们聚居在更靠近常年水源的地方时，水存储不是那么必要——有一些以粮食的形式存储起来。河流在文明的发展中起到了关键作用，一方面持续不断地带来饮用水和炊事用水，另一方面用来灌溉粮食作物。尼罗河流过茫茫沙漠，孕育了古埃及的农业文明。埃及人在每年尼罗河洪水泛滥后留下的淤泥中种植农作物，收获绰绰有余的粮食，建造起城市和中央政府，并且在旱季维持他们的口粮。底格里斯河和幼发拉底河每年洪水泛滥留下的淤泥，让中东地区最早的居民实现了同样的变迁。在印度河谷、恒河和雅鲁藏布江、中国的长江和黄河流域，也上演了类似的故事。

文明无论是怎样开始的，现在都依赖农业，而农业依赖淡水。今天全球人口是早期苏美尔或埃及文明的 1 000 倍，仅靠河流和运河已经不足以满足农业的需要。在一些幸运的国家和地区，如法国，降雨很充足（即使需要灌溉，也只是在夏季需求高峰的几个月），来水补充也能够提供足够的淡水。但是世界大部分谷物粮食产区——谷物是人类主要的口粮，以及家畜、家禽和渔业养殖的主要饲料——都依靠地下水灌溉。遗憾的是，几乎各地提供地下水的土壤含水层都正在被耗尽。

大部分灌溉现在通过打井实现。一些土壤含水层能够通过降雨和径流自然补充，但是大部分不能。现在美国密西西比河以西和落基山脉以东的谷物种植地带中，星罗棋布的旋转式灌溉喷头喷出的水都是由井水供给的。从上方看，这片土地就像褐色背景上点缀着绿色的波点。电动水泵抽取地下水，主要来源是庞大的奥加拉拉蓄水层——这个狭长形地下湖泊中的水"化石"是10 000 年前冰河世纪最后的冰川融化留下来的。落基山脉每年冬天的雪水和夏天的雨水径流提供了一些补充，但是远远不够。据估计奥加拉拉蓄水层正在以每年 12 立方千米的速度被抽空——比科罗拉多河全年的水量还要大。这种抽空的速度不可能持久。在得克萨斯、俄克拉荷马和堪萨斯的部分地区，地下水水位每年下降 100 英尺，大部分奥加拉蓄水层在 25 年之内就会被抽干。随着地下水水位下降，用水泵从更深处抽水的能源需求也增加了。但是没有灌溉，南方大平原的粮食种植是不可能的，这片土地将重新长满原生草和灌木。如果我们不尽快采取措施保护水资源，20 世纪 30 年代的黑色风暴*肯定还会卷土重来。

我们也让河水改道，进入灌溉渠（在这里许多水蒸发掉了），使河流和下游河谷陷入干涸的境地。格兰德河和科罗拉多河都是这种趋势的例子，给墨西哥北部带来了灾难性的后果。由于引水灌溉 20 世纪五六十年代种植的棉田，乌兹别克斯坦的咸海已经比从前缩小了一大圈。由于巨大的蒸发损失和其他引水改道，尼罗河上游的阿斯旺水坝大幅度减少了流向下游河谷的水量，从修建水坝前的每年 320 亿立方米减少到今天的 20 亿立方米。中国的黄河像科罗拉多河一样，大多数年份没有河水入海。中国也从湄公河源头引水，留给泰国、老挝和越南的水更少了。土耳其从底格里斯河和幼发拉底河上游源头取用更多的水，留给叙利亚和伊拉克的更少。毫不奇怪，事态正在变得越来越紧张。

这又把我们带回水和能源的关系上。我们在关于城市新陈代谢的讨论中提到，考虑人类和工业新陈代谢的关系是有帮助的。城市和文明最初是为了满足人类全年对食物、水、住所和废物处理的实际需要而发展起来的，所以城市资源管理的目标是提供与人体需要相同的基本服务，这并非巧合。

对于人类个体，能量来源是食物，主要是来自植物的碳-氢-氧化合物（碳水化合物）。与之类似，今天工业的能量来源主要是碳-氢化合物，来自数百万年前生长的植物。除了海洋鱼类之外，几乎

---

　　* 1930—1936 年期间发生在北美的一系列沙尘暴侵袭事件。由于持续数十年的农业扩张破坏了原本固定土壤、贮存水分的天然草场，以及缺乏相关防止水土流失的措施，风暴来临时卷起沙尘，使得美国的生态以及农业受到了巨大影响。——译者注

所有的食物现在都来自农业，今天的农业需要消耗大量的水。生产 1
吨谷物（小麦、玉米或水稻）大约需要 1 000 吨水。地球政策研究所
的莱斯特·布朗认为，美国平均每天需要消耗 2 000 升水（超过 500
加仑）来生产食物。

美国是幸运的，因为降雨提供了大部分的水，全国只有五分之
一的农田需要灌溉。其他国家就没有这么幸运了。在印度，五分之
三的食物来自需要灌溉的农田；在中国，有五分之四。这两个国家
的人口加起来是美国的八倍，它们的农田对水的需求正在快速耗尽
自然的土壤含水层。例如，在印度的古吉拉特邦，地下水水位以每
年 20 英尺的速度下降。当地下水被抽干，雨水几个世纪都不可能将
其重新填满。在伊朗东北部，20 世纪 90 年代期间地下水水位每年下
降 3 米，但是现在水井干涸了，因为含水层已经被抽干。过去住在
这些含水层上方的人们成了"水难民"。虽然在美国只有一小部分农
田需要灌溉，但这部分农田却提供了全国大部分的小麦、高粱和玉
米产出——人类自己及其饲养的牛、鸡、鱼的新陈代谢的主要能量
来源。

国际影响非常明显。中国和印度（不用说还有巴基斯坦、伊朗
和上百个其他国家）养活自己的能力正在受到威胁。在一些国家，
地下水的减少直接意味着粮食减产，而这些国家历史上曾经是有粮
食剩余的。得益于化肥使用的增加，中国在 2004 年之前有几年有粮
食剩余。但是 2004 年，由于通常由黄河水灌溉的北方大面积缺水，
中国进口了 700 万吨粮食。

印度的粮食产出可能很快也会下降。缺水和人口增长的国家需
要进口粮食来弥补缺口。粮食贸易可以被认为是某种形式的水贸易。
但是正如石油出口国家的数量减少一样，粮食出口国家的数量也在
减少。我们正在进入一个许多国家没有足够的水来生产自己的粮食、
需要从别处进口，而出口国却没有足够的粮食用来销售的时代。

在美国，正如我们前面提到的，电力行业将大量的淡水用于发

电厂的冷却。2000 年，发电厂每天使用 1 360 亿加仑的水，只是为了向我们提供电力。到目前为止，这个数字可能还有所增加。这些水大部分回到了抽取它们的河流或湖泊中，所以不完全是"消耗"（在很长时间里不能用于其他用途）掉了。但是，新的发电厂现在使用封闭循环冷却系统，而不是原来的单向系统，这意味着随着新发电厂的上线，被封闭在发电厂中的水量也在增加。在原来的单向系统中，废热被持续不断地带回到河流或湖泊中，可能造成生态破坏，我们在第 2 章"重获丢失的能源"中提到，这部分热量可以通过热电联产来为住宅或建筑物供暖。

　　工程方面，对水资源问题的第一反应通常是修建巨大的引水渠，将水从过剩的地方引向本地供给不足以养活全部人口的地方。在中国，长江上的三峡大坝将以每年 448 亿立方米的速度为包括北京在内的中国北方供水。但是南水北调工程的建设和运行需要投入巨资。供水需要消耗三峡大坝每年发电量的相当大一部分。印度工程师无疑正在考虑类似的项目，将水从喜马拉雅山脉引向南方，特别是马德拉斯和泰米尔纳德邦。

　　加州是这种反应的范例。整个州的南部地区，包括中央谷、帝王谷和从圣芭芭拉到圣何塞城市带的 1 800 万人口，都依赖州北部科罗拉多河的供水。很多来自北方的水要翻越 2 000 英尺高的山脉，仅跨流域引水消耗的电力就占州总用电量的 6.9%。（全美国的数字是 3%。）供水和排水系统加在一起，消耗了州总用电量的 19%，以及非发电使用的天然气的 33%。

　　将 1 英亩-英尺（43 560 立方米）的水从萨克拉门托-圣华金三角洲送到南加州最远的樱桃谷，需要消耗超过 5 400 千瓦-时（KWh）电力，或者相当于一浴缸的水消耗 1KWh。相比较而言，海水淡化的电力需求是每英亩-英尺 3 800～4 400KWh。将淡水从加州北部送到最南部需要的电力，实际上比淡化同等数量的海水还要多。另一个选择的能源密集度更低：通过反渗透（取决于地区）进行地下水净化的平均能源需求是每英亩-英尺1 000KWh。至于抽取地下水本身，平均每年的能源需求为每英亩-英尺2 250KWh——这是加州的数据，可能也适用于奥加拉拉蓄水层。

从能源的角度，洛杉矶盆地水的最佳来源是对污水处理后的废水进行循环利用。用于灌溉目的（不进行反渗透），污水处理的电力需求只有每英亩-英尺400～500KWh，加上反渗透（适用于家庭）为每英亩-英尺1 300KWh。这仍然比从加州北部或科罗拉多河引水低得多。循环利用的解决方案可能不适用于所有人，但事实上确实有先例。在欧洲，这个过程已经是必需的。从泰晤士河上游河段流到伦敦的淡水在入海前要经过八次循环利用。

根据2005年加州能源委员会的《能源政策综合报告》，"只要认识到节约每一单位的水能够带来的能源节约的价值，加州可以实现的减少能源需求的目标，就与州投资者拥有的能源公用事业计划的相当……初步评估显示，这一收益的成本还不到以传统能源效率指标衡量的电力纳税企业成本的一半。"这个过程是另一项双重红利的来源，但是管制限制了对电力公用事业投资的可能性，这一领域现在是封闭的。

关于水和能源的冲突虽然主要发生在农业领域，但也正在向其他领域迅速蔓延。在科罗拉多、怀俄明和犹他州，水务和石油公司就油页岩的未来开采权争得难解难分，这不仅对西部山区，而且对南加州大部分地区可能都有巨大的影响。壳牌石油公司和其他公司为那里油页岩理论上的开采潜力兴奋不已：据估计这些州地下岩石中包含的石油，是沙特阿拉伯地下液体形式的石油储量的好几倍。

遗憾（或许是幸运）的是，现在还没有从岩石中开采石油的商业化的可行技术。正如我们在过去无数技术发展的例子中看到的，开发一种主要的工业新技术，建设所需的工厂和基础设施，扩大生产规模直至具有成本竞争力，需要很多年。与"清洁煤"和其他像天上的钻石一样的理想中的替代品一样，油页岩在过渡桥梁期间不可能为美国提供能源供给。很可能当油页岩最终被证明可行并且成本也可以接受时（如果有这么一天），我们已经跨过了这座桥梁，进入无碳的未来，而它已经没有用了。

处理油页岩显然需要大量的水（以蒸汽的形式），这意味着从已经不堪重负的科罗拉多河大量取水。这个过程到底需要多少水？没有人知道，因为这项技术还没有走得那么远。一些专家估计从油页岩中生产一桶石油需要十桶水。"据估计，油页岩可以用光科罗拉多河盆地上游所有剩下的水。"丹佛水务委员会委员苏珊·达格特在2008年的一次采访中说。2008 年 10 月，美国国会宣布解除对联邦土地上的油页岩开发的禁令，这引起了一轮油页岩热，与第 5 章"电力的未来"中描述的淘煤热非常相似。石油公司甚至还接到了财务部门 7 000 亿美元的援助，帮助启动它们的开发计划。这笔钱本来可以更好地用于水资源保护。

水与能源的目标

与气候变化对城市的影响一样，水的日益稀缺及其引起的人类冲突将成为一个长期的问题，需要几十年才能完全解决。水需要被输送的距离不断增长，相应的能源成本也持续提高。但是就将低海拔城区搬迁到高处而言，修复需要很长的前置期，因此更加有必要尽快开始。在城市的重新设计中，第一阶段的水务管理改革必须成为能源过渡桥梁的一部分。

这种联系的重要性可能还没有充分显现，但我们可能已经站在了一个"正反馈环"（恶性循环）的入口，这将导致与水有关的能源成本像全球气温一样一路飙升。我们已经看到一些恶化的影响：

● **荒漠化**——过去几十年里，全世界大面积的可耕地变成了沙漠。主要原因包括过度放牧和滥砍滥伐。例如，由于 1980 年以来的荒漠化，哈萨克斯坦 50% 的农田已经抛荒。在伊朗，据报道沙暴的推进掩埋了 100 多个村庄。在非洲，撒哈拉沙漠正在以每年超过

1 000平方英里的速度向加纳和尼日利亚推进。联合国大学的一项研究预测，如果现在的趋势继续下去，到2025年非洲只需要养活现在人口的25%。在中国北方，据估计每年有100万平方英亩土地变成沙漠。随着气候变化，荒漠化很可能加速。随着农田萎缩，灌溉的需求增加，地下水水位将进一步下降。

● **森林火灾频发**——全球变暖使森林更加干燥，增加了发生山火的频率和密度。在美国西部很多地区，与火灾斗争成为全年无休止的任务，消耗了越来越多的水资源储备，因为上千辆消防车和消防直升机都要从水库取水来灭火。火灾还向大气中排放了更多的二氧化碳（更不用说还有热量），进一步加剧了变暖，最后又使得森林更加干燥。

● **沿海地区淡水受到盐侵**——随着海平面上升，海盐越来越多地进入沿海地下水和河口。沿海城市的地下含水层遭到破坏，河流到达海岸时比在上游含盐量高得多。

所有这些影响都将增加抽水和输水的能源密集度——由于地下水水位下降，需要从更深的井里抽水；为了扑灭山火，消防直升机和消防车需要从水库取水；由于沿海地区本地水源受到盐侵，需要从更远的内陆地区取水。在加州，加州能源委员会的马特·特拉斯克在2005年的一项研究中发现，抽取、运输和配送水所需要的能源总量为每年119 530亿KWh，几乎相当于加热、冷却、加压等数不清的最终使用中需要的124 820亿KWh。

水务管理政策的目标不能是不切实际的增加供给，而必须是在减少化石燃料使用的同时，减少单位资本的用水。在某种意义上，好消息是在美国，水的浪费像能源的浪费一样巨大——这意味着有很大的节约潜力。除了节水能够带来的方方面面的其他收益（水安全、食品安全、缓解政治压力、改善公共卫生）之外，更有效率地使用水将减少抽水，以及核电站和化石燃料发电厂冷却用水的能源消耗，冷却是一种能源密集型的过程。或许在我们将更多的电力生产转向 CHP 之前，短期内缓和水与能源的激烈竞争的最大机遇，是 2007 年美国能源部的阿贡国家实验室提出的"发电厂利用中水冷却"。这项研究指出，美国有 50 多座发电厂现在使用中水——大部分在加州、佛罗里达和得克萨斯，这些都是对淡水供给越来越关心的地区。

已经有大量研究指出了减少单位资本用水的方法，从人们熟悉的节水淋浴喷头和节水马桶，到低水位园林绿化。不过，消耗最大的是农业，节水潜力——也是节约抽水使用的能源——最大的是滴灌。这种技术能够比传统的喷洒系统节水 30％～70％。在美国，80％的水用于农业，但只有 7％的灌溉土地使用滴灌。（根据美国地质调查局的统计，47％使用漫灌，46％使用喷灌。）在美国，最惊人的水浪费是生产玉米乙醇（参见第 6 章"液体燃料：残酷的现实"），从灌溉到加工，生产每加仑燃料要消耗 10 000 加仑的水。

随着水的使用效率提高，我们可能注意不到什么差别，因为收益将抵消抽水、发电厂冷却和海水淡化本来可能显著增加的能源成本。为了使收益看得更清楚，水务管理者可以参考利用废弃能量流获益的产业。未来几十年，废水的循环利用很可能提供最可靠，也最廉价的新的水资源供给。

第 10 章　政策重点

美国的政策讨论常常避重就轻，除非有某种宗教或政治意识形态，或者"不要在我家后院"的冲突驱动，在这些情况下，对于那些对我们文明的存续和福利真正重要的事情，政策制定者们会得出严重扭曲的结论。真正重大的问题，如人口增长、气候变化和物种的加速灭绝，在学术论坛和期刊中被热烈讨论，却很少被主流媒体触及，鲜有例外。[①] 或许近年来最好的主流（或者接近主流）公共政策对话是电视主持人比尔·莫耶斯的节目，他的嘉宾探讨的问题包括制药公司塑造美国人愿望和价值观的力量，以及科学和意识形态之间的普遍冲突，这正是本书涉及的问题。不过 2008 年，莫耶斯的节目《比尔·莫耶斯时间》只有不到 300 万观众，相比较之下，通过收音机收听右翼权威拉什·林博的听众有 3 000 万，在莫耶斯年终特别节目播放时收看超级碗比赛的观众有 9 700 万。

遗憾的是，我们现在建设能源过渡桥梁时所面临的政策问题，与美国或人类面临的任何政策问题同样重要。现在模糊的威胁与第二次世界大战或冷战中的核军备竞赛规模一样巨大，我们相信它比国际恐怖主义严重得多。我们现在面临的难题是，从公众觉醒和动员的角度，循环利用废热或者消除肮脏的燃料消耗产生的煤烟，不像艾尔·戈尔描绘的零碳排放、可再生能源的未来愿景那样牢牢抓住公众的想象力。但前者是后者的基础。如果需要戏剧性，我们可

---

① 气候变化正在变得例外，这可能标志着在人类历史上这个决定成败的关键时刻，公众意识的突破性进展。

以保证这座桥梁能够创造的悬念跟我们热衷过的任何问题一样多。能够帮助我们成功跨越过渡期的政策在立法和行政管理上仍旧非常模糊，但是我们如何管理它将影响未来几十年里亿万人的生死存亡。

在第3章"设计经济桥梁"中，我们简要地罗列了相信能够支撑这座过渡桥梁的八道主梁。第2章和第4～9章介绍了这些主梁，以及它们在减少化石燃料使用、控制温室气体排放，以及通过更廉价的能源服务刺激经济增长方面的作用。（第1章"美国人的觉醒"探究了经济和科学方面的争论。）我们现在回到这些主梁，集中讨论哪些行动能够最好地帮助我们建设它们。因为我们已经进入了一个家庭、政府和企业处于生存模式、抓狂地寻找解决方案的时代，许多补救措施被提出和尝试，我们不必假装知道其中哪些会奏效。不过经验显示其中一些会浪费关键的时间和资源。为了聚焦于我们有高度信心的行动，我们要强调两个核心原则，在介绍它们的政策要求之前先对它们做简单的解释。

核心原则1：逆转激励的方向

有效的能源过渡桥梁政策的第一个要求是，提供提高能源效率和促进经济繁荣的激励。大多数现有的激励都是反方向的。问题的关键在于这些现有的激励都出于煤炭和石油公司销售更多煤炭和石油的利润动机，不管它们在电视广告中是如何宣传自己欢迎替代能源的。① 类似地，电力公用事业有动机提高它们的基准费率（顺便销售更多的电力）。房地产商有动机销售更大的房子（需要更多的供暖和制冷），汽车制造商有动机销售体积更大、马力更强的汽车（需要使用更多的汽油），等等。

---

① 这些表现企业社会责任的商业宣传令人印象深刻，人们可能忘了直到不久以前，这些公司还信誓旦旦地向我们保证全球变暖不是一个问题。直到确定公众并不买账，这些能源公司才开始发动"绿色"广告的闪电战。但是在幕后，它们继续从事游说活动，巩固那些反对大规模发展可再生能源的政策。

　　地区利益加剧了这种扭曲。美国参议院严重倾向于城市人口，这也意味着过度代表了城市工业利益（特别是采矿业和农业综合企业）。我们可以从玉米乙醇的补贴中发现这种扭曲。现在美国能源政策的制定更多代表了阿彻丹尼斯米德兰公司和孟山都公司经理们的利益，而不是 2050 年将要住在圣迭戈和纽约的人们的利益。

　　如果我们能够改变这种激励制度，让能源公司不是销售某种有形的**产品**，如石油和天然气，而是销售某种**最终服务**（供暖、制冷——或者舒适度，那样更好），那么它们的行为将会改变。负责任的经理仍然会问，我们的公司怎样才能实现利润最大化？但是答案会改变：通过以最低的成本提供最多的服务——通过尽可能使用最少的化石能源。与其让顾客去弄明白如何降低高度复杂的产品的拥有成本，不如把这项艰巨的任务交给企业，让生产这些产品的专业人士承担起这项责任。从销售能源密集型产品到销售产品提供的服务，公司的这种角色转变也使得激励的方向从使用更多能源转向使用更少的能源。实现公司商业模式的这种根本性变革可能需要很长时间。但是认识到现有的激励制度实际上扩大了我们面临的鸿沟，有助于让过渡桥梁的形状和结构更加清晰。

核心原则 2：简化补丁摞补丁的管制

　　第二个核心原则基于一个严酷的现实：对于所有的环境服务，由于市场不存在，也不可能存在，"外部性"（没有人对污染和其他副作用负责）在现代经济中非常普遍。对那些没有所有者，或者每个人都能拿走使用的东西，市场无法存在。没有人拥有空气，所以不存在新鲜空气的市场。一个人可以用猎枪保卫自己的领地，但是要这么做，他还需要一道篱笆和一块"禁止通行"的警告牌。这对他领地上空的空气，或者从那里飞过的鸟儿都是不可能实现的。

　　类似地，对于我们的世界正在制造的不断增加的空气和水污染，也不存在市场。除了废金属和废纸等少数例外，废弃物也没有市场，因为没有人需要或者想要购买它们。没有人要购买我们向大气中排放的温室气体。在现实世界中，大部分废物的价格是负的，或者如果真的存在一个市场，它们的价格将会是负的。污染者需要付钱让人来取走废弃物。通常，这个人将它们倾倒进河流、下水道，或者最近的无人看管的森林。

废弃物和污染持续累积。但归根结底，任何私人企业怎么会认为保护完全属于公共领域的东西是合理的呢？我们不能用篱笆把全球气候或水文系统（雨水、河流和地下水）的一部分包围起来，像经营私人企业一样经营它们。气候没有边界。在购买者一方，有多少人同意为阳光和空气这样的，不管他们是否付钱都会得到的东西付钱？这不是市场，这是什一税。

因为市场不能（或没有）保护"公共品"——淡水的自然循环和过滤、海洋或雨林的生物多样性，以及气候稳定性，政府的反应大多是经济学家所谓的"次优选择"。这方面的例子包括对空气质量和水质、食品安全、药品安全、工作安全、驾驶安全、儿童安全和残疾人步行道安全的大量管制，对有毒废物或不允许入境物品的管制，空中和海上交通管制，禁止乱扔垃圾的规定和土地区划法，对含铅汽油和DDT的禁令，禁烟法和禁毒法，汽车燃油效率标准，等等。这些次优选择的初衷是好的（而且保护了数百万人的健康和生活质量），但它们就像一片创可贴上叠着另一片创可贴一样是拼凑起来的。结果是普通公民对这种管制形式越来越难以监控，甚至难以理解。而且规定和管制经常导致比它们最初想解决的问题更糟糕的问题。

一种固有的危险是，将对文明的存续至关重要的管制，与一般意义上的政府"干预"混为一谈，许多人对这种相对琐碎的管制感到愤怒和不满。如果公众将影响美国经济复苏和应对气候变化灾难的管制，与要求每户人家门口至少有36英寸长的门廊的法律混为一谈，我们就会失去迫切需要的大局观和紧迫感。

看到这一点，那些政治上的左派就不难理解，甚至认同右派呼吁减少政府管制的热情。另一方面，事到如今，除了遁世隐居者，没有人不承认政府的作用比以往任何时候都更加重要。软弱的政府和独裁者一样，对人类的自由和福利都是巨大的威胁，因为它允许海盗、污染者和抢劫犯——以及麦道夫——胡作非为。保守派现在也承认缺乏管制有其弊端。2008—2009 年的金融危机就是这种风险的一个发人深省的证明。但是问题仍然存在：我们应该如何设计管制才能有所帮助，而不是成为阻碍？

我们可以在由政府和国际组织进行的直接管制，和通过市场手段"实现合理价格"的间接管制的框架中展开明智的讨论。到 20 世纪 90 年代，环保主义者关注的焦点在于直接管制和规则的制定实施机制。20 世纪 70 年代，焦点主要是禁令（石棉、DDT、四乙基含铅汽油、含氯氟烃对臭氧层的破坏等），或者针对行业，甚至针对工艺的排放限制，后者用于二氧化硫、一氧化氮和燃烧中不能去除的颗粒物。不过随着时间的推移，人们越来越认识到直接管制可能是缺乏经济效率的。它还容易制造繁冗的行政机构。

自 20 世纪 90 年代以来，人们越来越认识到其他方法可能更有效，至少在某些情况下如此。典型的例子（大体上仍然局限于学术论文和理论模型中）是污染税，典型代表是碳税。工业界痛恨它，而经济学家原则上支持它。但是"小政府"的共和党反对成立专门机构负责制定和征收碳税，又反对由政府——已经征收了碳税——来支配这笔钱。

今天开始出现的共识似乎是双重的。首先，在直接管制看起来不可避免的地方，技巧在于设定宽泛的环境和能源绩效标准，而不是具体的排放限制或技术解决方案。其次，在理论上应该征税的地方，通过创造一种新的"商品"，如可交易的碳排放许可来规避行政障碍，运用政府力量人为地为这种许可建立市场。一个开创性的例子是现在颇具争议的"总量控制和排放交易"系统，2004 年由欧盟

首先实施。我们很快认识到在这样的市场中，正如欧洲的例子说明
的，细节设计非常重要。欧洲系统的最初几年被普遍认为是失败的，
（特别是）让一些电力公用事业收获了一笔意外之财，而在减少排放
方面几乎没有任何进展。经过一些修正，欧洲的排放权交易系统似
乎有了一点改进，但是也只有一点。

第二个核心原则是用一套简单的、更加合理化的管制和税收体
系，系统性地代替历史遗留的补丁摞补丁的次优解决方案，奖励能
源（可用能）效率，鼓励生产性的工作，同时使损害最小化。例如，
我们为能源之桥及跨过这座桥梁之后的时期提出的政策建议，将减
少能源服务（有用功）的成本，从向工资和个人收入征税转向向碳
排放征税，从而刺激就业和收入的增长。与此同时，税收改革将通
过提高销售和燃烧化石燃料的成本减少这些行为。这种改革能够将
经济深陷困境的负担，从那些努力谋生的人身上转移到那些大发横
财的人身上。

能源过渡桥梁的政策重点

在这一节，我们列出了能源过渡桥梁的主梁（之前在第 3 章介
绍过），以及在两个核心原则的指导下，我们认为最有帮助的政策。

1. 鼓励废弃能量流的循环利用

好消息是成千上万的企业不需要任何政府的帮助就能盈利——
同时提供大量的公共服务——通过捕捉废弃能量流，转化为电力供
自己使用，或者出售给公用事业。如果多余的电力能够以对双方都
有吸引力的价格出售，这将是一种双赢的局面。坏消息是在大多数
情况下，这会减少公用事业的电力销售，相应地减少它们的利润。
公用事业积极地从事游说活动，以阻止对现在有利可图的垄断局面
进行任何变革。反对这些强大的大公司需要政治勇气，因为它们也
是政治选战的主要赞助人。未来的能源循环利用者需要政府的帮

助——不是金钱上的，而是修改过时的法律，如果它们想把多余的电力直接出售给街对面的其他人，而不是以由公用事业决定的低价卖给公用事业。如果一个废弃能量循环利用者能够在电力市场上向别人出售电力，而不是只能卖给一个指定价格的潜在顾客，这对太阳能、风能、循环利用和 CHP 发电都是重大的激励。保守派说他们相信自由竞争市场，所以他们应该喜欢这种变革。

电力公用事业会正确地指出，它们建设和维护着现在以（相对）可负担的价格向所有顾客输送电力的"电网"，包括电线和变电站。它们还会继续强词夺理地争辩说（我们已经听到过这样的言论），引入本地竞争会破坏电网。这种恐吓战术是没有事实依据的。正如我们在第 5 章"电力的未来"中提到的，电网的主要功能——一天 24 小时、一周 7 天的可靠性和可用性——不会改变。因为本地自给自足或 CHP 失去的业务将被新业务取代，特别是来自新的电动汽车的需求。电网将继续服务于大规模和长距离的需求。是的，公用事业需要重组，以便与开发废弃能量的本地生产者竞争。但是它们拥有足够的规模和经验优势去成功地展开竞争。

我们认为通过进行更多的能源循环利用，这个系统可以适应即将出现的插电式电动汽车和混合动力汽车增长的需求，无须新建高成本的中心发电厂。避免新建发电厂，就可以避免增加美国的碳排放总量，也降低了系统因为极端天气事件、火灾或破坏活动而崩溃的风险。

政策需要 1：修改现在不起作用的《公用事业管制政策法》（PURPA），不再允许州公用事业委员会回避推动自由市场竞争的职责。法律应该为可再生能源生产者在本地销售和配送电力提供激励。PURPA 最初就是为了鼓励这样的竞争，但是现在已经不再起作用了。由于存在惊人的漏洞，以及一些州事实上忽视了它，PURPA 陷入了困境。修改的法律应该包括至少三项根本性的变革：（1）消除"避免成本"的要求，只要一个生产设施能够节约公用事业建设新产能的成本，就允许它进入市场；（2）如果竞争者生产的电力比公用事业的电力在结构上具有零排放或其他减少污染方面的优势，就允许它以更高的价格向电网售电；（3）要求所有公用事业从任何可能的提供者购买零排放电力，支付的价格不低于公用事业自己在本地的零售价格（而且正如前面提到的，如果排放为零，价格应该更高）。法律应该要求所有州强制执行这些要求。有了这些改革，会有成千上万的工厂有动机用自己的高温废热或压力差来发电。

政策需要 2：在所有州废除禁止非公用事业公司跨越街道或者直接向其他顾客售电的法律。如果一家工厂自己的电力需求不足以支持安装能源循环利用设施的资本成本，同时又有能力将过剩的电力卖给附近的用户，有时候就能维持项目的运行并提供就业机会，否则项目就会失败。这时候，这部分本来要由公用事业燃烧煤炭和天然气来生产的电力就从国家的能源使用中消除了，结果是减少了温室气体排放。

也可参见下面的第二道主梁。

2. 增加热电联产（CHP）

正如第 2 章"重获丢失的能源"中提到的，通过地方热电联产进行分布式的电力生产，将使遥远的"中心"发电厂现在废弃的热能能够用于为住宅、公寓大楼、办公楼和购物中心供暖。实际上这能使这些老化的发电厂燃烧的化石燃料减少一半以上。在有关第五道主梁的讨论中，将中心发电厂带入 21 世纪的方法会有帮助。但是竞争性的电力市场的管制变革将产生最直接的刺激。

政策需要：通过立法要求配电公司从分布式的 CHP、屋顶太阳能光伏、私人所有的风力涡轮机和其他小型私人电力来源购买更大比例的电力。这种管制的优点在于，市场会决定向分布式生产者支付的价格（预先规定这个价格不能低于支付给公用事业的价格，正如在有关第一道主梁的讨论中所说的），而不是像现在美国某些州那样通过法律制定"接入"收费表。与废弃能量流循环利用一样，本来要由公用事业发电燃烧的煤炭和天然气从国家的燃料使用中消除了。这能够帮助微发电革命起步。通过削减能源服务的成本（减少每千瓦的燃料使用），微发电将刺激经济增长和减少碳排放。

3. 提高建筑物和工厂的能源效率

与废弃能量流循环利用一样，这里也有巨大的潜力还没有被挖掘，需要一种创新的商业模式和税收、保险等政府鼓励措施。我们知道许多节约在几年之内就收回投资的例子。除了更好地向公众披露信息之外，主要的问题是对于大多数房主和许多中小型企业来说，吸引他们进行节能投资（与其他业务需要或者现在的消费相比）需要的回报率必须远远高于银行储蓄或共同基金的低回报率。

我们可以通过创造一种新型能源服务公司（energy service company，ESC）来解决这个问题。ESC 拥有良好的信誉，能够以相当低的利率借款，帮助家庭和企业改进能源效率，或者提供必要的资金支持——并且在合同期内承担起为客户支付公用事业账单的责任。在合同期内，客户只需每月向 ESC 支付相当于过去 12 个月里向公用事业支付的固定费用，如果服务需求增加，费用可以适当上涨。[①] ESC 向公用事业支付的费用少于这个数字，因为（由于效率提高）单位服务的消耗降低了。ESC 由此实现每个月的净收入。在合同期间，每个月房主支付的费用与 ESC 支付的费用之间的差额就是 ESC 的利润。在那以后，这个差额将成为房主的节约。不同的合同可以允许房主更早开始获得节约，或者允许 ESC 在更长的时间里获得利润，这取决于效率增益的规模、可获得的利率等。

为了发挥全部潜力，ESC 一开始会需要政府支持，帮助提供信息和履约担保，至少在最初几年里需要。ESC 投资应该与储蓄账户一样安全，而回报要高得多。对受到认可的 ESC 投资应该免税，像

---

① 合同可能需要确定一个最大千瓦-时数，房主需要对超过的部分付费，以保证房主不会超额用电，抵消效率方面的收益。

投资地方政府债券一样，这能够吸引风险资本进入。

实现整个经济减排的一个重要工具——通过建立提高工业能源效率的强烈激励——是一套全国（或者全球）的二氧化碳"总量控制和排放交易"系统。这个系统的一个版本在布什任期的后几年中成为一场激烈的政治斗争的主题，最后在 2008 年被扼杀了。计划本身在行政上的繁冗也促成了它的失败①，正如保守派相信的，也是工业界的说客们广泛宣传的，减排管制将削弱经济增长，让国家付出巨大的成本。我们认为这种争论是一种误解，或许以后不会再构成障碍。首先，因为显然，以负成本或低成本建设能源过渡桥梁的大部分是有可能的；其次，因为以少得多的会计和行政管理进行碳排放交易也是有可能的，反对者害怕的正是这些。

政策需要 1：建立一个联邦计划，为能源服务公司（ESC）提供管制和担保，这些 ESC 将为小企业和家庭提供能源效率或可再生能源改进的启动资金。

政策需要 2：设计和建立一个更简单的碳总量控制和排放交易系统，比到目前为止计划或尝试过的都要简单得多。碳排放交易的目标是改革现有的能源定价体系，因为现有体系允许企业免费向全球公共环境中排放温室气体。在美国，碳排放交易市场的建立步履蹒跚，部分原因是欧洲系统或者 2008 年被美国参议院否决的总量控制和排放交易提案，都试图为每一个行业部门确定最高碳排放目标，然后允许公司获取必要的许可来"抵消"。这种抵消的麻烦在于有些

① 总量控制和排放交易系统几年前首先出现在欧洲，与美国参议院沃纳和利伯曼后来建议的类似，以不同的行业部门为基础为每家公司制定碳排放限制。大部分碳排放许可都是根据现有公司不受新规定限制的"祖父原则"免费发放的。只有一少部分许可通过拍卖方式发放。通过限制许可的总量，预期对许可的需求将超过供给，形成正的市场价格。但是，欧洲系统免费发放了太多的许可，导致市场价格很低，相应地对真正减少排放的项目的激励也很低。德国的大型燃煤公用事业——著名的有 RWE——把它们免费获得的许可当成一种隐性成本，转嫁给它们的顾客，据估计仅 RWE 就获得了 50 亿欧元的额外收入。RWE 不承认这个数字，但是这一丑闻对总量控制和排放交易的概念本身造成了恶劣影响。

无论如何也要进行的投资也很容易获得许可，这导致了管理和实施中的困难。

一个只要求那些烃类化石燃料和森林产品的生产者和进口者——煤炭、石油、天然气和木材公司——拥有碳排放许可的系统会更有效。许可不直接发放给公司，无论通过祖父原则还是拍卖。提取或进口化石燃料、木材和非食品的农产品（用于生产乙醇和生物柴油）的企业需要在公开市场上购买碳排放许可，数量由它们输入的碳含量决定。购买者主要是大型的一次能源生产者（煤炭、石油和天然气公司），它们会将许可的成本加入到产品成本中。一次能源公司增加的成本会转嫁给顾客，像税收一样影响所有下游用户。但是下游用户（如使用燃煤电力的制造公司，或者购买燃料的航空公司）本身不需要购买许可，因为它们的排放成本已经加入到它们碳密集输入的成本当中了。

关键在于按年或按月将许可发放给个体纳税人。这套系统将像社会安全系统的扩展版，或者像旅客里程累计系统一样运行。纳税人得到许可，可以立刻通过一套计算机管理的系统出售，也可以存起来，希望在未来获得更高的价格。为了避免囤积，许可需要有有效期。（政府可能需要对以投资为目的成立基金或发行有价证券的行为进行管制。）这个系统的影响，与保守主义的诺贝尔奖得主米尔顿·弗里德曼许多年前提出的所谓"负所得税"类似。

我们这里提出的计划将大幅度降低美国立法者争论不休的总量控制和排放交易机制的实施困难和管理成本，因为只有第一层次（化石燃料能源和生物燃料或木材公司）会受到直接影响。市场管制者只需要监控少数公司的碳交易，而不是不计其数的来自不同行业的公司。这些公司将在公平竞争的环境中，以相对简单的方式来进行能源效率的改进。同样重要的是，能源密集型产品和服务的顾客将有节约的经济动机。

最后，为这些碳排放许可支付的钱不会交给政府（除了以个人

销售者纳税的形式），也不能用于其他政府支出项目。这种性质应该
让原则上反对政府支出的保守派感到满意。同时，将许可分配给个
人也将形成从高收入（高消耗）群体向低收入（低消耗）群体的收
入转移。这会让希望看到更公平地分享美国经济复苏收益的左派感
到满意。

4. 保持最终消费的效率增益

这里我们指的是消费者对汽车、汽艇、落叶清扫机、轻便式
取暖器、电视机、电脑和其他能源消耗产品的独立购买。在这个
领域，跟工业能源效率一样，存在着大量负成本的机会，只需要
增加对自给自足的信息宣传，越多越好。节能灯的普及就是一个
例子。政策改革——比如德国决定禁止销售白炽灯泡——能够极
大地加速这一进程。我们在第二条核心原则提出的根本性变革中
指出过——改变激励的方向，让补救措施的施行不再像推石头上
山那样艰难，用这样的措施代替实际上起到反作用的"次优解决
方案"。

政策需要 1：扩展和强化汽车油耗标准（采用平均的燃油经济性
或 CAFÉ 标准），包括卡车在内的所有车辆，标准都要逐渐提升，例
如，到 2030 年所有汽车达到 45 英里/加仑（mpg）（丰田普锐斯已经
达到了），到 2050 年达到 60 mpg。即使一种新设计实现大规模生产
的前置期需要（大约）十年，这也是可行的。[1] 卡车和被划分为"轻
型卡车"的 SUV 都不应该例外。[2] 类似地，也应该建立飞机的 CA-
FE 标准。

政策需要 2：消除石油公司的联邦补贴。

政策需要 3：引入一种"生产者延伸责任"（extended producer

---

[1]　五年用来设计和测试新的车体、发动机和传动系统以及用来生产它们的机器，另
外五年用来建立供应链、建设机器和厂房、雇用和培训工人。

[2]　轻型卡车例外地被写进法律，假定人们购买新悍马或者林肯领航员不是为了在路
上炫耀或者送孩子去迪士尼乐园，而是从事搬运木头或者给奶牛运送草料等繁重的工作。

responsibility，EPR）法，要求销售复杂工艺产品（如汽车、电视机、电脑或打印机）的公司在产品使用寿命的终点回收他们的产品，进行再制造或循环利用。这项立法还应该包括促进耐用品的长期租赁，而不是直接销售的措施，因为这将使出租人（和生产者）有强烈的动机去改进运行效率，并承担起更好地维护责任。

EPR 对美国人来说是一个激进的概念（但是在欧洲接受程度更高），部分原因是它比较不易实施，还有部分原因是从根本上，它与整个"所有权"的概念相悖。实施中的具体问题包括为最终产品的不同部件规定责任并强制执行，如汽车的轮胎、电池和电力系统。有些部件（如刹车、发电机和车灯）在服务中被其他供应商生产的部件代替了，那么原来的生产者还应该负责吗？解决这些问题和组织物流——实际上是"逆向物流"——收集达到使用寿命的汽车（或者电视机、电脑、冰箱）返还给生产者可能需要好几年，但是它能够结束关于固体废弃物处理问题的数不清的零散管制。

鼓励回收的一种经过检验的有效方法是使用货币押金，以保证一件产品永远不会失去全部价值。一笔 25 美分的押金（或者更少）能够保证玻璃瓶或易拉罐的回收。一笔 1 美元的押金能够保证小型电池的回收。一笔 25 美元的押金基本上能够保证所有便携式家用电器或电子产品的回收，如手机、电脑或电视机。一笔 100 美元的押金可能足以保证废旧汽车不被丢弃。对易拉罐和玻璃瓶有效的，对轮胎、汽车或者任何介于二者之间的东西都会有效。负责任的公民能够取回他们的押金。

人们早就认识到了押金对于减少废弃物和改进物质和能量效率的作用，但是很少使用这种方法。生产者和经销商通常反对退还押金。经销商不愿意回收，空间是一个原因。即使能够再制造（通常情况下不能），生产者也不愿意回收他们的产品。

等式的另一个部分是"垃圾"要素。购买一辆汽车，它是你的。

如果它报废了，你去买一辆新车，但是经销商不愿意以旧换新，你可能把它留在自己家（如果在乡村）或者某条小路上，或者某个空停车场，任由它生锈。从本书作者之一的窗外就能看到这样一位邻居，他的后院里停着12辆车，只有一辆是正在使用的。同一条街的另一个院子里，停着一辆1965年的大众汽车，一棵9英尺高的树已经穿透了它长出来。美国可能有2 000万～5 000万辆这样的废弃轿车、卡车和拖车。① 在过去一二十年里，还有不计其数的电视机、洗衣机、电脑，以及含有放射性危险物质的医疗器械等废弃物品。废金属回收者取走其中一部分，剩下的去了垃圾填埋场。但是在美国，大量垃圾堆放在可能污染水、土壤和空气，或者对儿童造成危害的地方。

一套基础的结合EPR（或"回收"）政策的押金系统将全面解决这个问题，因为在这样的法律下，生产复杂产品的公司会带来两个互补的动机。消费者有动机将产品退还到购买它的地方（或者其他指定地点），而不是丢弃。制造者有动机通过利用所有可能循环利用的部件（如各种金属、塑料和化学残留物）减少最终处置成本，并且他们拥有（消费者不具备的）必需的技术知识和拆解能力。

这种政策如何帮助提高产品生命周期内的能源效率？一种方法是更全面地收集废弃原材料，用于循环利用。例如，用矿石炼钢比用废品炼钢需要更多的能源。铝和铜的循环利用能够带来更大的节约。EPR能够极大地推进"城市矿藏"（循环利用废旧和拆除的建筑、桥梁、公路、车辆、工业设备和消费品）的利用，减少对破坏环境的采掘工业的依赖。因为利用城市矿藏比传统的采矿

---

① 美国有超过2.5亿辆注册车辆，但是废弃车辆的数量不详。不过，来自部分城市和州的数据可以作为参考。纽约市环卫局在1989年回收了146 880辆废弃车辆。随着废金属回收的增长，这个数字在2006年下降到9 200辆。密歇根最近一年拖走了9 200辆废弃车辆。不过这些还只是停在公共道路上的车辆。大部分废弃车辆可能都在私人土地上，不容易被回收。

或伐木业需要更少的能源，这也意味着更少的燃料使用和更低的碳排放。

5. 分布式发电

废弃能量流循环利用和 CHP 的起步提供了这道主梁的主体。这些步骤——最重要的是 PURPA 法律的修订——提供了让大型公用事业在地方的层面上展开节能竞争的方法。但是分布式努力的最主要部分必须触及公用事业本身。

政策需要：更新《清洁空气法案》，消除允许公用事业在旧发电厂过期之后很久仍然维持运行的漏洞。公用事业让这些旧发电厂继续冒烟的动机，是逃避用现代化的污染防治技术改造现有工厂所需要的支出。在第二届布什政府任期内，联邦政府任命的官员热心地维护这些漏洞，使发电厂免于受到《清洁空气法案》减排二氧化碳要求的约束，并承诺在新的气候变化法规生效之前开始建设的"祖父"燃煤发电厂将不受约束。这掀起了一股"淘煤热"，进一步威胁到美国的空气质量。2008 年 11 月，EPA 环境评估委员会裁定，EPA 没有充分的理由不限制燃煤发电厂的二氧化碳排放。但是布什总统在任的最后时间里颁布了大量的"总统令"，企图绕过国会推翻这一规定。显然，发电厂漏洞会继续成为一个政治皮球，直到经过修订、无懈可击的《清洁空气法案》通过为止。

也可参见第一和第二道主梁。

6. 寻找提供能源服务的替代方法

本书中一个反复出现的主题是，当你在沃尔玛超市或者丰田经销商处购物时，你实际上买的不是产品，而是产品提供的服务。遗憾的是，在大多数情况下，你得到的是能够提供你想要的服务的一件由塑料、玻璃或金属做成的东西，但是产品并不是服务本身。你到房屋中介去那里不是因为你想拥有一个巨大的木头盒子，你想要

的是一个住处。① 你梦想拥有的可能也不是 2 吨重的钢铁、塑料和橡
胶，而是移动性和舒适。我们不能通过购买房屋、汽车和电脑来满
足我们的需要或者为经济提供动力——我们购买的是舒适和安全、
移动性和娱乐。

有时候这些需要能够通过其他不需要购买，甚至也不需要使用
这些特定产品的方式来满足。在许多情况下，有可能通过使用不同
的、能源密集度更低的产品来提供同样的（或者可比的）服务，减
少能源使用。典型的例子包括用远程办公和电子商务代替开车去办
公室或商店，或者在条件允许时用公交车和自行车代替私家车进行
市内短途出行，或者通过有线电视看电影而不是去电影院。现在大
约有 4 000 万美国人至少部分时间通过远程办公，而电子商务正在迅
速增加，代替开车去购物中心。尼尔森 2008 年的一项研究发现，全
世界超过 85％的网民通过网络购物，"过去两年电子商务市场的增长
超过 40％"。理论上，电子商务允许人们待在家里而不必去购物中
心，这也能降低能源消耗。

政策需要：为了鼓励显著降低能源需求的出行方式，需要将联
邦高速公路资金的使用严格限制在修建自行车道、快速公交系统
（BRT）、电动汽车充电桩和其他帮助城市居民使私家车的使用最
小化的设施。拥有人口稠密的中心商业区（白天人口超过 10 万
人）的城市可以通过立法，修建载客人数较多的车辆和 BRT 专用
车道、自行车道、电动汽车和共享汽车的专用停车场可以获得碳
排放许可。对大型汽车征收附加税和对开车通勤征收拥堵费可以
为这些项目提供资金。立法还应该创造一个国家的"移动性银
行"，资金部分来源于拥堵费，用来推动传统汽车交通的替代方案

---

① 无论公寓、汽车还是工具，租赁都是一种将提高效率的部分责任由消费者个人转
移给企业的形式，后者拥有更多效率计算方面的专门知识。但是租赁在这方面的收益非常
有限。一间出租公寓提供的是居住服务（你不需要翻修屋顶或者更换热水器），但是必须
配备一系列其他产品才能满足居住者的需要，包括从电视机到床，这些通常都是由出租人
所有的。

的建设。

也可参见第三道主梁下的能源服务公司。

7. 重新设计城市

在未来半个世纪，城市规划和气候变化的冲突可能超乎想象地复杂和混乱。毫不夸张地说，仅在美国就需要上百万次市政会议、可行性研究，以及在公务员、民间组织、土木工程师和诸多联邦机构之间开展的政策讨论，包括美国国土安全部、联邦应急管理署和陆军工程兵部队或其继任，以及媒体、公用事业和一连串行业（房地产业、建筑业、银行业以及道路建设等）。

我们不想假装有透视眼，也承认没有能力将复杂的问题简单化，在几页纸里为城市规划提出一种综合的或万能的解决方案。我们无法解决的问题之一就是，在多大程度上，冰川融化、海平面上升和上游森林的砍伐会增加特定城市遭遇灾难性的洪水或风暴潮的风险，在未来几年里需要采取哪些特定的措施来拯救这些城市。我们能够预见的是，在相当大程度上，美国许多脆弱的城市群和数以百计的小型社区都需要这种措施。正如我们在第 8 章 "让城市为完美风暴做好准备" 中讨论的，2005 年新奥尔良发生的一切可能只是个开始。但是无论修建足够坚固的堤坝还是让人们搬迁，都是巨大的挑战。重建应该选择足够高、足够远的内陆地点，足以防御根据 IPCC 的预测，21 世纪冰川融化、海平面上升和风暴强度能够达到的最糟糕的情况。

政策需要 1：参照欧洲被动式节能屋项目开展一场全国运动，在国家安全方面的优先级应该媲美曼哈顿计划，要求所有新建的美国住宅达到节能 90% 的标准。通过一套建筑上的平均家庭能耗标准，类似于汽车制造商的公司平均燃油效率标准，推进这场运动并不需要高昂的花费。政府不应该将豪宅划分为 "轻型旅馆" 予以例外对待。

政策需要 2：在每个易受影响的沿海地区，不应该等待计划外的紧急情况，各州需要制定建立堰洲岛和海岸社区的长期疏散计划，并尽快开始分阶段实施。通过鼓励搬迁，抑制居留，第一阶段可以是自愿的。（参见政策需要 3 和政策需要 4。）

政策需要 3：通过法律保证将不断增加的生命和财产损失的风险量化，并细化到地区（具体到一个街区），而不是整个城市或地区的平均。公开洪水和风暴的相关风险，保证地方房产税率和洪水风暴的保险费率反映防护和应急反应的成本。逐步停止对洪水保险和风暴保险的补贴。考虑为鼓励易受影响地区的搬迁提供有限的补贴或税收抵免。

政策需要 4：鼓励易受影响的市县在临近现有城区或现有城区之内的高海拔地带取得土地，用于低海拔社区的阶段性搬迁。将大部分易受影响地区改作他用，禁止在灾害的高风险路径上进一步发展，建立基金补偿自愿搬迁的房主。通过对在新土地上建设新建筑征收附加税来充实这笔基金，鼓励在满足重新规划需要的高海拔地区进行建设。在大洪水或风暴灾害事件中（如新奥尔良），运用国家土地征用权接管不适合重建的地区，改作公园、沙丘、湿地等。

政策需要 5：对灾害路径上人口密集、无法搬迁地区的建筑法规进行修订，使风暴潮或洪水对天然气管线、电线和电力设施的破坏最小化。虽然很难想象在 21 世纪对大型城市进行整体搬迁和重建，但正如第 8 章中讨论的，我们可以预期许多现在位于海平面以下的城区需要搬到同一地区的高海拔位置。与此同时，升级留在原地房屋的建筑标准能够提供更多的救生保护，应对洪水或风暴导致的火灾、停电、污水或有毒物质外泄、饮用水污染，以及防范伤寒和霍乱等相应损失。

也可参见第六道主梁。

8. 将水务管理与能源管理相联系
正如我们在第 9 章"水与能源的联系"中讨论的，后石油峰值时代也将是后淡水峰值时代。地球上的淡水总量不会增加，预计未来几年世界人口每年将增加 7 000 万以上，全球单位资本可以获得的淡水数量稳定下降。正在发生的土壤含水层的耗尽将使这种趋势进一步恶化。在美国，最重要的例子是奥加拉拉蓄水层，它从内布拉斯加延伸到西得克萨斯，灌溉了美国 20％的农田。降雨不能完全补充"化石"含水层的消耗，包括奥加拉拉在内，含水层正在迅速枯竭。全球变暖导致的干旱将加速这种枯竭。20 世纪 30 年代的黑色风暴与卡特里娜飓风和 2008 年中西部的洪水一样，只是一个早期的警告。

在能源过渡桥梁期间，减少化石燃料使用所需要的行动将包括减少水资源使用的行动。在农业、工业和家庭中，缺水本身正在成为越来越严重的危机。在每个领域，不断加剧的缺水和不断提高的能源成本相辅相成。因为我们不能增加淡水供给的总量，最有希望打破这一循环的机会是在不降低水提供的服务质量的前提下，减少单位资本的水消耗。

减少水的使用能够有效地减少抽水需要消耗的电力，这占到了全国总用电量的 3％，加州总用电量的 7％。

政策需要 1：取消对玉米乙醇的"农场"补贴，生产每加仑乙醇需要消耗 10 000 加仑的水，用这笔钱推进粮食作物的滴灌和其他节水战略。灌溉是美国（和全世界）用水量最大的行为，滴灌是最能减少单位资本水资源消耗的单项措施。例如，减少加州中央谷的水资源消耗有助于缓解高山融雪减少的困境，由此导致的缺水正沿着加州水道传导到州南部地区。减少长距离引水的需求也能显著减少电力的使用。

政策需要 2：在内政部下建立一个美国水务管理局，推动国家和各州滴灌和废水循环利用的发展，发电厂利用中水进行冷却，用节水园林景观代替草坪，持续改进工业、机构和家庭的用水效率。

激活未来：回顾与展望

过去的政府因为采取了超越它们时代的行动而被今天的我们铭记与感激。虽然独立战争后最初几年里，美国政府忙着处理关于土地所有权、税收、选举权、奴隶制度和建立国家银行的争论，但最让今天的我们感激的是《宪法》的制定。尽管有许多缺陷，最初的版本以及前十个修正案（《人权法案》）在它们的作者逝去两个多世纪以后，仍然坚定地领导着我们。

对这种持续的感激有一种进化论版本的解释：人类发展是建立在知识和智慧的代际积累的基础之上的。我们不需要从头开始证明飞行机器的可能性。我们也不需要重复罗马帝国、复活节岛的错误。感谢社会，我们能够将过去发现的知识整合进我们的制度记忆并加以利用。现在世界各国政府（包括美国政府）都有很多工作要做，无论是填补漏洞、稳定金融系统还是打击恐怖主义。但是假设制度记忆得以延续，我们的物种继续发展，它们最有可能被记住的，是它们如何对 21 世纪前十年，环环相扣的能源、经济和环境危机酿成的完美风暴做出反应。

第 11 章　对企业管理的启示

我们从本书开头就主张，能源过渡桥梁要想成功——帮助我们从化石燃料走向未来的可再生能源，同时在这个过程中避免经济崩溃——企业必须能够足够快地取得投资回报，同时不需要大规模的资本成本。而且，大多数企业不能等待未来技术进步出现成果就需要获得这种回报，与传统的预期相反，技术进步不是自动的。我们已经论证过，这种前所未有的努力不仅要求劳动生产率的进步，而且要求整个全球经济依赖的物理资源生产率的进步。

在能源领域，未来最成功的企业不是把钱扔进这些无底洞的企业——"清洁煤"、上千公里的管线、核电站、钻井平台，或者生产和消耗的能源一样多的玉米乙醇。胜利者将是那些找到方法从对现有的煤炭、石油、天然气资源的每一美元支出中获得更多服务的企业，以及更好地利用风能和太阳能发电的企业。我们已经提出了一系列这方面的战略，列举了利用这些战略获得巨大收益公司的例子。但是这些收益怎么才能转化成对大多数企业有用的建议？

回答这个问题的一种方法是，更加仔细地审视到目前为止，那些在这些战略方面领先的人们的思想。在引言和第 2 章"重获丢失的能源"中，我们强调了 Cokenergy 工厂的例子，这座铁锈地带的工厂几年前开始将炼焦厂产生的废热转化为每年 90 兆瓦的清洁电力，供邻近的米塔尔钢铁公司的工厂使用。这种出色的安排并不会因为是一种前沿技术就自然发生，它还需要有远见的经理的意愿，质疑主流商业文化中一些从未受到挑战的规则，并承担预期的风险。Cokenergy 是一位名叫汤姆·卡斯滕的电力工程师的发明，他认识到如果全世界存在着被浪费掉的巨大热能，那么也存在着巨大的机遇来提供有利可图的能源服务。卡斯滕建立了第一能源有限公司，为米塔尔钢铁公司提供了一个大量节约燃料成本和减少碳排放的机会。第一能源公司今天仍然在经营这项业务。我们前面提到过，2005 年，同一条路上美国钢铁公司的一家工厂有一处类似的创新型火炬气循环利用设施，印第安纳州的这两家工厂的清洁能源产出加在一起，超过了美国当年太阳能光伏发电的总量。到 2009 年，仅在钢铁行业，第一能源公司就通过化石燃料废物的循环利用生产了 900 兆瓦电力。

2006 年，卡斯滕成为一家新的能源循环利用公司，循环能源发展公司的 CEO，现在他和儿子肖恩一起经营这家公司。在他的帮助下起步的这个行业发展迅速。我们很快就会继续讲述他的故事，不过现在我们要聚焦于一个关键点。卡斯滕深深知道他们销售的不是能源，而是能源服务。让他们的服务更加有利可图，不仅依赖于销售更多的化石燃料，而且依赖于使用更少的燃料来做既定量的有用功。这体现了我们在第 10 章"政策重点"中描述的核心原则之一。现在全球能源经济中流行的激励（销售更多的煤炭、石油、汽车和电力）需要被逆转。卡斯滕的服务不具体到销售任何燃料，因为他们的工厂使用的所有燃料都已经被购买和燃烧过了。将这种方法带来的收益与该公司的客户公司的管理战略整合在一起，使这些公司可以在更高的生产率水平上运行。

对于那些希望在越来越富有挑战性的环境中获得成功的企业经理和投资者，我们有三个建议。

将能源管理提到战略计划的最高层次

未来最成功的经理将认识到在内部运营中提高能源生产率的重要性，而不仅仅是劳动生产率。这意味着在管理事项中，给予能源生产率跟人力资源和财务管理同等的最高位置。这意味着将能源服务作为核心业务的支柱，跟劳动和资本一样。本质上，印第安纳的钢铁巨头们就是这样做的。

在第 4 章 "看不见的能源革命" 中，我们引用了美国节能联盟的一项研究，该研究发现许多经理把节能计划当成 "技术" 问题，而不是企业战略的重要组成部分，最好留给工程师去做。经理们通常认为："能源不是我们的核心业务。"与这种过时的假设相一致，能源作为一种次要功能，只得到边缘的关注和相应的预算资源，它不被当成**产品的可控成本和可以弥补的收入来源**。我们在第 4 章中还讲了陶氏化学公司的故事，该公司尝试对 "这不是我们的事" 的假设发起挑战，肯·尼尔森和他的中层工程师们连续 12 年向我们展示了，一家工厂是如何通过密切关注能源管理实现显著的生产率改进的。

遗憾的是，在大公司，改变坚定的管理假设比在圆桌旁加一把椅子困难得多。困难在于行业和公司有根深蒂固的文化和意识形态，一贯与它们的核心业务有着强烈的认同感。在陶氏公司，核心业务是生产塑料，花了超过 12 年的时间才使高层管理者认识到优先级是变化的（部分原因可能是那些年里能源非常便宜）。路易斯安那州的卡博特公司考虑建设一处能源循环利用设施，但是由于电力公用事业垄断和公用事业委员会的反对而失败了（参见第 5 章 "电力的未来"）。卡博特公司的核心业务是生产和销售炭黑，公司本来有意愿将项目进行到底，但最终放弃了。通用汽车公司的核心业务是生产和销售轿车和卡车，不是提供高能源效率的交通服务。在公司衰落的十年里，能源管理从来不是其战略的重要部分。大公司很难改变它们的核心业务。

美国汽车行业 2009 年的崩溃说明了这一点。起初，公众知道的是 "三巨头" 极度缺钱，它们的 CEO 飞到华盛顿请求援助。然后，随着故事的展开，事实证明它们的就业也无法维持：通用汽车关乎100 万人的福利，但公司只能雇用其中的不到十分之一。政府尝试提供一次临时救援，但是两党的国会成员怀疑第一笔贷款之后还需要第二笔、第三笔，看不到尽头。没有迹象表明通用汽车能够及时地生产和销售能源效率更高的汽车来维持生存。正如我们现在看到的，怀疑被证实了。美国汽车行业经济增长的一个基本要素缺失了——能源服务的低成本，包括制造汽车和在未来驾驶这些汽车的预期成本。

所以，核心业务的概念是专业化的企业文化的基础，没有企业能离开支撑它的双腿奔跑。打个比方说，美国橄榄球大联盟的一支球队的经理可能认为，他的明星四分卫是球队公众形象和比赛胜利的核心。明星四分卫有时被当成"特权"球员，享受极高的经济地位。但是当比赛开始，这个四分卫仍然需要其他球员密集阵型的保护。在企业里，资本、劳动和能源效率这三个生产率要素就是密集阵型。即使它们不是吸引股票市场分析师的核心输出，但无论如何，它们对那个输出也是不可或缺的。

将这个比喻进一步延伸，在球队经理看来，默默无闻的拦截和防守的"核心业务"让四分卫能够传球。换句话说，在工业世界里，如果资本、劳动和能源的生产率没有动员起来，核心是不可能运作的。在许多行业，劳动生产率得到了全部的关注，即使资源越来越稀缺、价格越来越高，结果是外包和工作岗位的出口。能源生产率被普遍忽视了，部分原因是能源成本一直非常低，还有部分原因是各种各样的制度障碍阻碍了创新，我们在前几章已经谈到。例如，如果一家公司希望通过能源循环利用获利，它可以雇用像第一能源公司那样的能源服务公司（**能源服务**是后者的核心业务），来提供其缺失的生产率的第三支柱。但是能源节约的机会仍然依赖与在发电和配电中享有合法垄断地位的本地电力公用事业达成交易。这种情况就像是裁判一直对犯规视而不见。

在战略计划中，将对能源管理的认识和考虑提升到与劳动和资本同样的层次，有可能抵消公用事业的说客和其他旧体制的维护者们在政治上的横行霸道。首先是那些能够迅速把握重新定义"核心"

业务运作方式的重要性的企业，然后是整个能源经济。简言之，真正的进步将使企业在一个真正公平的环境中竞争，规则允许真正的竞争，能够降低能源服务的成本，提高生产率和利润，同时减少碳排放和赢得更广泛的公众信任。

认识伴随自然资源价格提高的商业机会和风险

　　未来成功的商业计划的一个关键就是，认识到后石油峰值造成动荡、化石燃料技术过时和气候变化加剧的完美风暴即将到来，即使我们已经开始跨越能源过渡桥梁。一个主要影响是自然资源价格的上升，从石油和天然气开始。的确，这制造了金融风险（以及风险以新形势扩散的可能），但也为新技术提供了充分的机会。我们在引言中强调了能源过渡战略不需要依赖马上能够实施的新技术，公司个体也不需要依赖新技术在短期内为能源投资带来回报。但是这丝毫不意味着应该放弃创造性思维、研究和发展，这些都将巩固过渡桥梁，缩短我们需要跨越的鸿沟。

　　在这里，有必要澄清能源和能源服务之间的区别，因为许多企业将很快看到这两个价格开始分化，这关系到企业的成败。正如我们在第 1 章（我们关于经济增长的研究）中提出的，未来的复苏和发展最有可能发生在设法降低能源服务成本的企业和部门，即使化石燃料的价格在全世界范围内不规律但不可阻挡地**上涨**。

　　过去，在第二次世界大战后的繁荣时期，制造业公司等待创新技术的发明者或者"先行者"去承担最大的风险、解决最大的技术和制造问题、在市场中寻找立足点是合理的，然后它们再带着更多的资源进入，实现规模经济，获取更大的利润。半导体行业、计算机行业和生物技术行业的发展都遵循这个模式。

　　但是现在全世界的风向已经发生了划时代的变化，大公司——特别是美国的大公司——没有准备好成为先行者，即使后进入可能也已经太晚了。近期插电式混合动力汽车可能迅速发展，然后在未来几十年里（在城市中）被电动汽车替代，许多汽车将不再由私人拥有。汽车共享软件、电动汽车基础设施、电动自行车、电池制造、快速公交，以及欧洲和日本式的高速铁路将提供丰富的创业和投资机会。在零能耗或低能耗建筑、建筑业、微发电和城市应对气候变化的准备方面，住宅和城市设计部门的创新机会更多。显然——有些不那么显然——可再生能源的机会已经出现，如风力涡轮机和地源热泵的规划和市场化。

当然，所有这些潜在的创新都需要资本。逻辑上，创新的资本来源是经济的"现金牛"：石油和天然气公司，以及电力公用事业。这些公司必须认识到，为它们带来巨额利润的高价格会对总体的经济需求和就业产生副作用。理论上，这个事实应该激励它们降低价格（通过投资于可再生能源），从而增加需求。实践中，石油公司经理们太容易被还有足够的"自喷井"等着被发现，短期内未来还会跟过去一样的梦幻诱惑了。科学和通信在这里的作用非常重要。美国政府和公众必须努力劝导这些攫取超额利润的公司，从埃克森-美孚、壳牌和BP开始，将它们的一部分利润用于在宏观经济层面上提高资源生产率和能源效率。

我们认识到私人部门的创新型企业已经为我们的社会创造了许多财富——这个事实经常激起反对一般意义上的政府投资的争论："不要试图选择胜利者——让市场来决定。"但是仔细回顾历史，显然有些基础设施投资对于私人部门来说过于庞大，回报也太慢。大型水电项目（博尔德水坝、大古力水坝、田纳西河谷管理局）、农村电气化、州际高速公路、核电站、喷气式发动机和电脑都是首先由大规模政府投资发起的技术进步的例子。互联网一开始是美国国防部高级研究计划署的一个项目，旨在让主要大学的计算机能够交换数据。政府资助了大部分学校的研究。核聚变、太阳能火箭和利用月球太阳能发电都是有巨大投资回报潜力的项目，但是它们远远超过了私人市场的能力范围。

经济危机背后的一线希望是，它提醒公众在一场两极分化的斗争中，企业、政府和社会不是各自独立的王国，而是高度相互依赖的，而且越来越相互依赖。在前面的章节里，我们介绍了纽约州能源研究和开发署、欧洲被动式节能屋项目和国际分布式能源联盟的公共—私人合作项目。在本书末尾的注释和我们的网站上，我们还列举了更多例子。全球危机使得这样的联盟数量不断增长，也增加了它们创造的技术支持和融资方面的机会。世界可持续发展工商理事会和其他进步的企业集团已经开始突破反对政府干预的极端态度造成的停滞。而且，私人企业和非营利组织的联盟也在增加，为什么是企业和整个社会的环境可持续性提供了指南。

这又使我们想起汤姆和肖恩·卡斯滕的主张，他们是经济学家心目中的"美国天才"，或者全球层面上的"技术进步"在企业家中的代表。他们证明了我们向企业经理推荐的两个首要原则：他们敏锐地意识到了能源生产率和其中充足的商业机会的重要性。他们的企业可以从政府刺激中获益，但是随着对新能源范式的公众意识的成长，他们还能得到私人投资的强大支持。2007 年 11 月，卡斯滕的能源循环利用公司宣布将从波士顿的私募基金德纳姆资本管理公司获得高达 15 亿美元的私人投资，主要投资者包括哈佛大学和比尔·盖茨。

循环能源发展公司（RED）的声明不是例外。随着大气中二氧化碳的浓度继续增加，以及公众对全球能源困境的认识不断深入，对能源过渡桥梁主梁的私人投资将从犹豫转向坚定。我们已经说明，关键在于这种投资通常能够带来公司和社会福利的双重红利，有时候还是"负成本"的。"（这一发现）将允许我们以前所未见的更大规模进行资本配置。"密歇根州布莱顿的清洁技术集团有限公司的执行合伙人约翰·巴尔巴克在看到 RED 声明时说："最让人兴奋的是这能让减少美国工业的碳足迹变得有利可图。"

无论在哪里都要做好准备

即将到来的能源转型将影响到各行各业的企业，从采煤到白领服务（教育、媒体、咨询、法律等等），从跨国公司到一个人的小微企业。能以最快的速度识别和适应输入的企业将最有可能生存和发展。没有企业能够不受影响，因为没有企业能够离开能源运行，无论是工人吃的食物、工厂使用的燃料、办公空间的供暖和照明，还是通信使用的电力。过去，这些成本大多是相对低廉和稳定的，它们在计划商业模式和满足投资人方面并不特别值得关注。在经济链条的每一个环节，这种现实都在发生改变。例如，办公空间的开发者不能只考虑每平方英尺的建筑成本。要具有竞争力，他还需要对整个建筑的能源服务成本，以及提供能源服务的资源和技术的安全性给予相当的关注。他必须将建筑的碳足迹和建筑足迹都纳入考虑范围之内。这意味着过去一个世纪中能够满足需要的建筑学习曲线已经不够了，需要向一条高得多的曲线攀升。如果开发者足够明智，他还会考虑建筑周边公共交通的便捷性、汽车共享设施、电动汽车基础设施、自行车道和清洁空气。

古人类学家告诉我们，在文明诞生之前，人类将大部分清醒的时间都用于狩猎和搜寻食物。农业的发展使得一个农民能够为其他好几个人生产食物，解放出来的人住在城市里，发展出其他职业和工业。但是人口扩张（从早期文明起已经超过了 1 000 倍）和对自然资源的掠夺式消耗使得现代经济极不稳定，尤其是对化石燃料的高度依赖，很可能在 21 世纪延续很长时间。结果，在一个所有人分享同一共识的世界中，公众意识可能会发生逆转。未来，要继续发展我们的专门化技能和商业，就必须关注我们如何以可承受的方式利用物理能源的能力，食品生产和其他一切人类和商业活动都有赖于此。

第12章 有多少？有多快？

本书提出了一个坚定的主张：下一代美国能源供应的关键——直到可再生能源达到一定规模之前——不是以越来越高的成本、在越来越难以到达的地方开发新的石油和天然气资源，而是大幅度提高我们从现有的化石燃料资源中获得的能源服务的数量。我们进一步主张，实现这个目标的同时能够显著减少温室气体排放，只需要依靠现有技术和经过检验的商业战略，并且对纳税人只有极低的成本。我们认为有令人信服的理由相信，这种战略对于在提供一座通往清洁能源的未来的可行桥梁的同时，维持经济健康和文明秩序至关重要。

我们已经回顾了建造过渡桥梁所需要的各道主梁，并且提出，这些举措加在一起能够将全美国一次能源转化为有用功的效率从现在的13%提高到20%以上。这相当于将美国的能源消耗减少一半以上，而不需要降低我们的生活水平。换一种衡量方法，美国能源效率经济委员会估计在未来20～25年，美国能够成本有效地将每一美元GDP的能源消耗降低20%～30%。正如我们在第5章"电力的未来"中指出的，这一估计可能低估了实际的潜力。至此，一个自然而然的问题就是，这些举措加在一起能够节约多少能源（以及减少多少碳排放）？建造和跨越这座桥梁需要多长时间？

坦率地说，我们在回答这些问题时必须承认，在人类历史上这样一个动荡的时刻，在令人相当不安的程度上，这些答案是不确定的。它们依赖于一系列没有人能准确预期的事件。未来十年是否会有一场5级飓风摧毁全世界最大的城市之一；石油峰值是将被证明在 2010 年、2012 年已经度过，还是会发生在很久以后；是否会发生珍珠港或"9·11"级别的令人震惊的地缘政治事件，再一次横扫政治家和政策制定者心目中的长期规划；美国和其他政府是否有政治勇气去消除阻碍能源效率根深蒂固的制度障碍，在自己的国家建立有效的激励；可再生能源的技术发展是否有足够的好运气（例如发现太阳能光伏所需的碲的新来源），让这些新产业以任何人都不曾想象的速度发展——这些还没有答案的问题都将影响所有主梁能够获得的收益。能源/气候的未来是一个快速移动的目标。

还有一些来自这些主梁的不确定性会相互影响。例如，如果插电式电动汽车发展特别迅速，它们将产生对电力的新需求，可能使建设新的燃煤发电厂变得合情合理。另一方面，分布式的本地 CHP 同样迅速的发展也能补偿电动汽车对电网带来的额外负荷。而且，插电式电动汽车的迅速增长能够为风能或太阳能光伏等间歇性来源提供存储能力（在电网上）。在各种举措之间，权衡无疑一定会发生。

无论如何，对八道主梁中的每一道，或者特定情景下其重要组成部分节约能源和减少排放的潜力，进行相当肯定和有意义的估计是有可能的。作为关键的经济和能源安全目标，个人或政府不需要了解它们是如何将独立发挥作用的价值整合起来的。只要知道尽管存在不确定性，这些主梁也支持着美国和其他严重依赖化石燃料的国家能源经济的共同目标。本章将这些主梁给美国带来的收益进行总结。

工业中的废弃能量循环利用

过渡桥梁的第一道主梁是"循环利用"工厂中高质量的废弃能量流，包括石油精炼厂、天然气压缩机、炼焦炉、炭黑生产厂、硅精炼厂、玻璃熔炉、造纸厂和各种冶金行业。正如第 2 章"重获丢失的能源"中提到的，这些能量流可以是高温热、蒸汽、火炬气的形式，也可以是废弃压缩能量的形式。美国现在大约有 10 000 兆瓦（10 吉瓦）的这种废弃能量流得到了回收。但是能源部的劳伦斯·伯克利实验室的一项研究指出，还有另外 95 000 兆瓦（95 吉瓦）的潜力可供开发，能够以低于新建燃煤发电厂的资本成本生产美国 10% 的电力，没有燃料成本并且能够减少二氧化碳排放。（EPA-DOE 最近的一项研究将这一潜力调整为 65 吉瓦，但是这仍然占到美国总发电量的 7%。）大部分节约能够直接转化为煤炭和天然气需求的降低。用低成本的背压式汽轮机将天然气管线中的压缩能量转化为电力，还可以生产另外 6 500 兆瓦的无碳电力。现在几乎全部的煤炭都是用于发电的，这些举措能将煤炭消耗降低 15%。消除立法和制度方面的障碍之后，大部分举措能够在十年内实现。

分布式热电联产

当今美国最浪费的能源使用是用于建筑物供暖（和制冷）的燃料使用——最可耻的是燃烧化石燃料的发电厂还要采用电热供暖。正如在第 5 章、第 10 章和第 11 章中讨论的，电力公用事业有强烈的动机提高对中心发电厂和电线的资本投资，为了销售更多的电力，经常就电力供暖向建筑商提供折扣。

然而，感谢中心发电厂系统诞生几十年以来的技术进步，现在在相对小的规模上（低至几十千瓦）有效率地发电已经成为可能，适用于公寓楼、医院、学校、百货商店、小型工厂，甚至独立住宅。为了说明一般意义上，将全部新产能转向 CHP 能够实现的节约的量级，2008 年，国际分布式能源联盟利用国际能源署的基础数据，估计未来 20 年全世界的资本节约能够达到 5 万亿美元。美国现在占到全球能源消耗的五分之一（随着中国和其他国家的快速发展，这一比例可能会有所下降），如果实现的节约能够接近这一水平，我们可以期待在这段时间里，美国公用事业投资的节约潜力有望超过 1 万亿美元。化石燃料使用的减少也会达到同样的水平。

从更广阔的视角看，美国现在只有 8％的电力来自 CHP 工厂，但是有些国家对 CHP 的开发要成熟得多：丹麦，51％；芬兰，37％；俄罗斯，31％。在这些国家，来自 CHP 的相当一部分热量用于区域供暖，在美国则很少有这方面的应用。但是这丝毫无损于现代 CHP 能够使用单位燃料提供比美国工业高得多的能源服务的事实，而且其他国家的经验已经证明了这一点。相应地，碳排放方面的收益也将达到同样的水平：丹麦的二氧化碳排放从 1991 年的 6 000 万吨降低到了 2005 年的 5 000 万吨，这一时期大部分其他国家的排放都在增加。

在 2009 年《美国科学家》杂志发表的一篇论文中，托马斯·卡斯滕和菲利普·舍韦估计美国分布式 CHP 可能的节约潜力为 135 吉瓦，加上工业能源循环利用的 65 吉瓦（或者更多）潜力，占到美国总发电量的 20％以上，减少二氧化碳排放的比例也差不多。这些数字还没有考虑到来自最近讨论的微发电（屋顶太阳能光伏、小型风力涡轮机等）的潜在贡献，也没有考虑到未来化石能源价格急剧上升的可能性，这将使提高效率更加有利可图。我们相信仅仅通过鼓励分布式 CHP，未来十年美国电力生产的平均可用能效率能够从 33％上升到 40％，到 21 世纪中叶能够达到 50％。

工业和建筑物的能源利用效率

在美国，工业大约占全部能源消耗的四分之一。建筑物消耗了另外四分之一，不包括建筑物内部使用的电力。正如第 5 章"电力的未来"中提到的，我们强烈反对主流经济学家认为在这个部门减少能源使用和碳排放的潜力相对有限的观点。美国能源效率经济委员会（ACEEE）2008 年的一项研究发现，过去 38 年以来美国全部新增能源需求的四分之三是通过提高效率来满足的，只有四分之一是通过石油、煤炭和其他传统资源的新增供给。这种"看不见的能源"增长中约有 72％发生在建筑和工业部门。

美国国家环境保护局和先锋集团共同基金认为,效率投资通常风险较低(几乎与政府债券一样低),却能产生平均 25% 左右的高额回报,比大多数股票和债券都高得多。这一评估发生在 2008—2009年的金融危机之前。但是正如在第 1 章"美国人的觉醒"中讨论过的,考虑到能源服务在经济增长中的作用,相对于其他投资选择,未来效率投资的回报将变得更高。

ACEEE 指出:"我们对能源效率技术方面的额外投资能够提供的节约潜力还不够了解","我们的研究指出,在一个市场加速转型、效率投资快速增长的环境中,到 2030 年,增加能源效率技术方面的总投资将使能源效率市场每年增长近 4 000 亿美元,2030 年的效率市场规模将超过 7 000 亿美元。"

最终使用效率

本书中,除了在关于城市环境中的汽车的讨论中,我们给予最终使用效率的关注相对较少,因为这是大众媒体上得到最广泛讨论的战略之一。我们认为大多数美国人现在已经认识到节能电灯、冰箱、空调和低油耗汽车的好处。不过在这里,我们有必要指出这项举措绝不是全景中微不足道的角落。ACEEE 在对 2008 年美国能源效率市场的分析中发现,过去几十年里家用电器和电子产品从效率相关投资中获得了最大的收益:29%,即 870 亿美元。(有趣的是,家用电器得到了比汽车更多的关注。)

在 2008 年的另一项研究中,国际能源署(IEA)得出结论:"到2050 年,提高效率和电力部门脱碳能使碳排放回到现在的水平。"在这 40 年的时间里,IEA 估计燃料的最终使用效率能够为计划的减排目标做出 24% 的贡献,电力的最终使用效率能够做出 12% 的贡献。特别是,即使在 40 年以后,最终使用的联合收益(共计 36%)仍将超过可再生能源的贡献(21%)。这是在可再生能源能够占据真正的主导地位之前,一座可靠的过渡桥梁有多么重要的又一证明。不过,我们认为可再生能源的发展速度能够，而且应该比 IEA 的保守估计快得多。

有时候简单的解决方案胜过复杂的，能源转型时期汽车的效率也是如此。本书作者之一现在驾驶一辆中等价位的五座欧洲柴油轿车，每加仑行驶 40 英里，主要用于市内交通。在美国，如果每个人都达到同样的燃油经济性，美国的汽车燃料消耗几乎可以减半。

不管效率得到了多少关注，无论是从全球经济冲击的角度，还是从我们关于经济增长预测的警告（在第 1 章中讨论）的角度，都很难对未来的效率增益做出现实的预期。另外，随着奥巴马当选总统，能源和环境优先级的转变开启了姗姗来迟的，强调效率、节约及可再生能源的能源补贴计划。2007 年，对最终使用的联邦补贴达到了 22 亿美元。2009 年的"刺激"包让我们得到了更多的重视。未来，如果更大额的补贴能够被导向真正具有生产力的战略，如结合零能耗、零排放房屋的节能家电，或者继续推进汽车和卡车的 CA-FE 标准，回报可能会更丰厚，也更迅速。考虑到能源服务的（低）成本与经济生产率和经济增长前景之间的重要关系，未来十年这些相对稳健的投资将对恢复美国经济的活力起到关键作用。

启动微发电革命

假设 PURPA 推荐的改革和州法律对电力公用事业的管制都能实现，我们将看到许多中等规模的 CHP 系统改造，包括购物中心、学校、医院、写字楼、公寓楼和小型工厂。我们还可能看到一些新住宅中非常小的 CHP 系统的试验性应用（尽管第 8 章"让城市为完美风暴做好准备"中讨论的"被动式节能屋"的概念让新建筑不再需要家庭供暖设施）。不过，屋顶太阳能光伏有可能将屋顶和全美国其他朝南的平面变成电网中清洁电力（以及热水）的重要来源，远不需要等到 21 世纪末。更重要的是，这些项目已经在许多国家和州得到了良好的发展（诚然，是在补贴的帮助之下，但是不需要打破公用事业的垄断），创造了一个充满活力的新行业。预计到 2018 年，加州的百万太阳能屋顶计划将生产 3 000 兆瓦电力，并减少 300 万吨温室气体排放，相当于从路上减少 100 万辆汽车。

只有很少几个州拥有南加州一样的阳光，但是即使其他 49 个州太阳能光伏的单位资本平均效率是加州的四分之一，整个美国的收益也将是加州的两倍。再过一二十年，节约将更加巨大。不过，即使在短期内，屋顶太阳能光伏的贡献也能帮助为电动汽车充电网络提供电力，从而减少或消除这一市场对新建中心发电厂的需求。

能源服务替代

正如我们在第 10 章的政策讨论中提到的，过渡桥梁战略的一个核心原则是改革能源管理，不是鼓励销售更多的产品（生产和运行这些产品都需要使用更多的能源），而是让企业销售能源服务，使用**更少的**能源将更加有利可图。我们提出这种替代的一种主要机制是能源服务公司（ESC），提供诸如住宅供暖或照明之类的服务，而不是提供电力。如果住宅能源效率的升级改造能够使化石燃料消耗平均减少 20%，这一差距足以为 ESC 和消费者进行升级改造提供激励。但即使没有 ESC，明智的替代也能带来可观的回报。例如，如果未来十年网购和远程办公加在一起能够取代全部汽车出行的 10%，它们将使美国的石油消耗每天减少 200 万桶。仅此一项就能减少进口石油需求的七分之一。

重新设计未来的城市

这是本章开头所说的使量化变得特别困难的不确定性领域之一。我们可以将为了气候失调、资源枯竭的未来设计城市的投资收益，与买保险的收益做个比较：我们不能预期任何特定城市或特定时间段的结果，但是保险精算数据表明，如果我们不进行这项投资就是傻瓜。

为了客观地看待这一论断，我们来看一看 1992 年安德鲁飓风袭击佛罗里达时发生的事。损害高达 380 亿美元，一些保险公司破产。如果飓风迎面袭击迈阿密，破坏力将堪比核弹爆炸。13 年后，卡特里娜飓风造成了 400 亿美元的破坏。随着气候变化的加剧，此类事件的风险逐年递增。如果实施缓解和适应气候变化的国家（或全球）项目，避免任何一次最严重的飓风或风暴潮就能使这笔投资物有所值。但 21 世纪最可能的现实是，我们将看到**许多**破坏程度不同的极端天气事件。缓解和适应气候变化相结合的综合项目不仅关乎能源安全，而且关乎国家安全。

但是，沿海和沿河城市不仅能够——而且应该——为气候变化循序渐进地进行重新设计。旨在压缩汽车主导的城市空间、增加对快速公交的依赖，以及减少或消除建筑物供暖的能源需求（见第 8 章的讨论）的项目将创造长期的节约，从而覆盖升级改造的成本，甚至有所盈余。

改革水务管理

淡水保护本身就很重要，不需要从能源或气候的角度去论证。几乎所有经济学家都认同水市场合理化的需求。通常的方法是为淡水制定一个价格。问题在于大部分淡水都是用于灌溉，大规模的食品生产依赖于大规模的灌溉。但是工业和城市用水者的出价通常高于农民为灌溉用水的出价。在南加州、内华达、亚利桑那和得克萨斯等干旱地区，不断扩张的城市从有限的几条河流（特别是科罗拉多河）中取用了大量的水，许多农民只能依赖水井，使用低效率的水泵和喷灌设备。许多土壤含水层至多将在几十年内枯竭，20 世纪 30 年代早期的大规模黑色风暴可能重演（区别在于，这次下一代的

"俄克佬"*将无处可去——30 年代的主要目的地加州现在已经自顾不暇了）。因为需要从越来越深的地方抽水和将水输送越来越远的距离，加剧了水资源的稀缺，也增加了对能源的需求。现在用大量的水灌溉，种植玉米或大豆来生产乙醇，却只能代替少量汽油，使这一难题越发难解。减少每加仑的乙醇生产能够节约 10 000 加仑的水，以及用来抽水的能源。

为未来投资：决定成败的时刻

即使在奥巴马总统就职演讲中所说的全球未来的"乌云"之下，通往未来的道路仍然清晰：我们为未来的投资必须是双重的，一方面针对将在未来几十年里逐步实现的清洁能源、低碳经济，另一方面也同样重要，针对过渡桥梁。没有对桥梁的充分关注，美国和全球经济将在人口增长、资源稀缺、环境恶化和气候破坏不断累积的压力下崩溃。

但是现在有充分的迹象表明，如果采取本书中提出的策略，能够建设一座安全坚固的桥梁，速度和成本都可以接受。迹象之一是过去 40 年来美国发电系统的效率一直卡在 33%，通过管制改革获得解放的现有技术能够及时将这一效率提升到 60% 以上。通过用分布式发电淘汰过时的中心发电厂系统，我们有机会节约建设新发电厂的数千亿美元资本投资。通过利用废弃能量流，我们有机会将美国的化石燃料使用和碳排放减少 10% 以上。我们有提升美国经济**整体**能源效率的重要机会，这个效率现在是 13%，至少有望提高到 20%，甚至更高。当然，我们还有机会从不断加剧的气候变化可能带来的灾难性影响之下拯救东海岸和墨西哥湾区的城市——同时实

---

* 黑色风暴影响了约 40 万平方公里的广阔地域，灾害的中心区域为得克萨斯州和俄克拉荷马州的走廊地带。干旱致使上百万英亩土地荒芜，成百上千人背井离乡，许多家庭被迫迁往加州或其他州，这些来自俄克拉荷马的人被称为"俄克佬"。——译者注

质性地提升所有其他城市的能源安全和生活质量。

　　或许从务实的角度来看，最重要的是，通过现有的、经过检验的、相对廉价的方法，实施这些举措的投资机会丰富并且有利可图。我们拥有的机会就在眼前——不是理论上的，不是"有一天"，不是"如果"。最后，这是一个采取一系列行动的机会，不像主流经济学家担心的那样可能损害或进一步抑制经济，而是赋予它强健的新生命。我们相信这是势在必行的。

注释和参考文献

引　言

可再生能源能够在十年内替代煤炭吗？艾尔·戈尔在为美国重新提供动力的请愿书（参见 http://wecansolveit.org）中指出，风力发电、太阳能热发电、太阳能光伏发电和地热发电是一个在十年内替代所有燃煤发电厂的选择（Gore，2008）。这个目标是不现实的。诚然，2008 年金融危机之前美国可再生能源的产量增长迅速，从 2006 年的 352 千瓦时（TWh）增长到 2008 年的约 500 千瓦时。但是现在生产的可再生能源中 80％是水电，无法继续增长（几乎所有可能的水电站都已经投入使用了）；剩下的大部分来自燃烧木材和城市垃圾。我们（和戈尔）提出的未来应该依赖的来源只提供了现在美国总发电量的不到 2％（《美国能源部年报》）。关于风能、太阳能光伏、太阳热能和地热能的进一步讨论参见本书网站 www.informit.com/register。（点击这一网址，登录，输入 ISBN。注册后，资源内容的链接将出现在你账户页面上的注册产品条目下。）

印第安纳州铁锈地带的工厂：参见 Casten and Ayres，2007。

能量、可用能、效率和有用功：能量是最含糊的概念之一，每个人都不假思索地使用，却很少有人真正理解。它被称为"终极资源"，但这不是一个定义。在本书中，有必要强调大多数人使用的"能量"这个词，实际上指的是可用能。**可用能**是描述能量中有可能转化为有用功的部分的技术术语（Rant，1956；Glansdorff，1957）。

存在几种形式的可用能：机械功、电功、化学功等。功的技术定义
将我们引向热力学，但基本理念是：加速车辆，或克服摩擦力、空
气阻力和重力（例如，爬山或提起篮子）需要机械功；克服电阻需
要电功；分解矿石或化合物中的元素需要化学功，等等。综合讨论
参见 Szargut，Morris，and Steward，1988。

参考文献

- Casten, Thomas R., and Robert U. Ayres. "Energy Myth #8: The U.S. Energy System Is Environmentally and Economically Optimal." In *Energy and American Society: Thirteen Myths*, edited by B. Sovacool and M. Brown. New York: Springer, 2007.

- Glansdorff, P. "On the Function Called Exergy and Its Application to Air Conditioning." *Bull. Inst. Int. Froid* Supp 2: 61–62.

- Gore, Al. *A Generational Challenge to Repower America.* Cited 31 July 2008. Available from www.wecansolveit.org/pages/.

- Rant, Z. "Exergy, a New Word for Technical Available Work." *Forsch. Ing. Wis.* 22 (1): 36–37.

- Szargut, Jan, David R. Morris II, and Frank R. Steward. *Exergy Analysis of Thermal, Chemical, and Metallurgical Processes.* New York: Hemisphere Publishing Corporation, 1988.

- United States Department of Energy, Energy Information Administration. *EIA Annual Energy Review.* Washington, DC: United States Government Printing Office.

第 1 章　美国人的觉醒

历史统计：对于 1970 年以来的数据，我们引用的是《美国能源
部年报》中的数据。对于更早的数据，我们使用美国人口调查局
（1975）和 Schurr and Netschert（1960）的数据。关于**能源价格**的
数据，除了来自 Schurr 等人和美国能源部的能源信息署的年度出版
物《美国能源部年报》，还可参见 Potter and Christy，1968。

能源和经济增长：20 世纪 30 年代第一个提醒人们关注能源可获
得性和经济增长之间的重要联系的是诺贝尔化学奖得主，英国人弗

雷德里克·索迪。大多数经济学家都认为索迪是异想天开，但从那以后他的大部分建议得到了采纳。在经济学家看来，他的原罪在于鼓吹一种能源价值理论，提出将货币供应与能源可获得性挂钩（Soddy，1933，1935）。第一次强调热力学定律在经济系统中重要性的经济学家是 Nicholas Georgescu-Roegen（1971，1979）和 Herman Daly（1979）。他们将经济系统看作一种形式的生物体，从环境中吸取高质量（低熵）资源，排放低质量（高熵）废物，没有持续的太阳能或化石能源供给，这些废物就不能无限循环利用。这种观点与诺贝尔奖得主罗伯特·索洛（1957，1956）在 20 世纪 50 年代发表的经济增长标准理论相互矛盾，索洛理论将大部分经济增长归结为无法解释的"技术进步"（或"全要素生产率"），但是能源消耗的作用并不明确。1973—1974 年的"能源危机"之后，20 世纪 70 年代的一些经济学家试图用生产函数的方法对经济增长进行定量解释，特别包括一次能源输入（Jorgenson，1978，1984）。但是这种方法只取得了有限的成功，因为普遍的"成本份额"约束假设（能源的边际生产率一定等于它在国民经济账户中的成本份额）认为，由于份额很小，所以能源不会特别重要（Denison，1979，1985）。第一个成功解释自 1970 年以来美国、英国、德国和日本过去经济增长的（忽略了这一成本份额约束假设，因为它是从过度简化的单一部门、单一产品经济模型中来的）是德国物理学家雷纳·屈梅尔（1982，1989）和他的同事（1998）。屈梅尔后来提出（参见 www.informit.com/register），成本份额约束不适用于现实的多部门、多产品模型。最后一步是从提升将一次能源转化为有用功（机械功、化学功、电功等）的技术效率的角度解释"技术进步"（Ayres，Ayres，and Warr，2003）。将"有用功"代入屈梅尔的生产函数中一次能源的位置，就能成功地解释美国自 1900 年以来，以及日本、英国和奥地利后来的经济增长（Ayres and Warr，2005，2009）。进一步讨论参见 www. informit. com/register。

经济增长理论——新方法的需要：参见 Ayres，1998。

石油危机的影响：参见 Olson，1988；Zivot and Andrews，1992；Hamilton，2005，2003；and Roubini and Setzer，2004。

成本份额定理和三要素模型的需要：参见 Kuemmel，et al.，2008 和 Kuemmel，Ayres，and Lindenberger，2008，以及 www.informit.com/register。

石油峰值：在某些领域，这个现象又称为休伯特峰值（Hubbert，1956，1962，1969，1973）。对此既有拥护者也有怀疑者。怀疑者主要是主流经济学家，作为一种信仰，他们相信更高的价格会自动触发新的供给，满足不断增长的需求。无论如何，经验证据越来越倾向于石油峰值的拥护者，正如 IEA 预测 2004 年之后的剧烈变化所反映的那样。2006—2007 年，中国和印度的需求急剧上升，以及消耗、枯竭和发现之间的差距扩大，几乎就是 2008 年石油价格飙升的首要原因。进一步阅读参见 Hatfield，1997，1997；Campbell，2004；Deffeyes，2001；Strahan，2007；and Deffeyes，2005。

科学家的警告：参见 Kendall，1992。签名者包括 100 多位诺贝尔奖得主，其中 97 位来自物理、化学和医学领域，7 位来自经济学领域。

濒危物种红色名录：参见 Baillie，Hilton-Taylor，and Stuart 2004；and Baillie and Groombridge，1996。

最快的物种大灭绝：参见 American Museum of Natural History；Futter，1998。

能源谬论：参见 Sovacool and Brown，2008。

参考文献

- Ayres, Robert U. "Towards a Disequilibrium Theory of Economic Growth." *Environmental and Resource Economics* 11, special issue 3/4 (1998): 289–300.

- Ayres, Robert U. *The Economic Growth Engine: How Energy and Work Drive Material Prosperity*. Cheltenham, U.K., and Northhampton, Massachusetts: Edward Elgar Publishing, 2009.

- Ayres, Robert U., Leslie W. Ayres, and Benjamin Warr. "Exergy, Power, and Work in the U.S. Economy, 1900–1998." *Energy* 28, no. 3 (2003): 219–273.

- Ayres, Robert U., and Benjamin Warr. "Accounting for Growth: The Role of Physical Work." *Structural Change & Economic Dynamics* 16, no. 2 (2005): 181–209.

- Baillie, J. E. M., and B. Groombridge, eds. *1996 IUCN Red List of Threatened Animals*. Gland, Switzerland: International Union for the Conservation of Nature, 1996.

- Baillie, J. E. M., C. Hilton-Taylor, and S. N. Stuart, eds. *2004 IUCN Red List of Threatened Animals*. Gland, Switzerland: International Union for the Conservation of Nature (IUCN), 2004.

- Campbell, Colin J. *The Coming Oil Crisis*. Brentwood, U.K.: Multi-Science Publishing Co., 2004

- Daly, Herman E. "Entropy, Growth, and the Political Economy." In *Scarcity and Growth Reconsidered*, edited by V. K. Smith. Baltimore: Johns Hopkins University Press, 1979.

- Deffeyes, Kenneth S. *Beyond Oil: The View from Hubbert's Peak*. Hardcover ed. Princeton, New Jersey: Princeton University Press, 2001.

- Deffeyes, Kenneth S. *Beyond Oil: The View from Hubbert's Peak*. Hardcover ed. Hill and Wang, 2005.

- Denison, Edward F. "Explanations of Declining Productivity Growth." *Survey of Current Business* 59, Part II (1979): 1–24.

- Denison, Edward F. *Trends in American Economic Growth, 1929–1982*. Washington, DC: Brookings Institution Press, 1985.

- Futter, Ellen V., et al. "Biodiversity in the Next Millennium." New York: American Museum of Natural History and Louis Harris and Associates Inc., 1998.

- Georgescu-Roegen, Nicholas. *The Entropy Law and the Economic Process*. Cambridge, Massachusetts: Harvard University Press, 1971.

- Georgescu-Roegen, Nichols. "Energy Analysis and Economic Valuation." *Southern Economic Journal* (April 1979): 1023–1058.

- Hamilton, James D. "What Is an Oil Shock?" *Journal of Econometrics* 113 (2003): 363–398.

- Hamilton, James D. "Oil and the Macroeconomy." In *The New Palgrave: A Dictionary of Economics*, edited by J. Eatwell, M. Millgate, and P. Newman. London: Macmillan, 2005.

- Hatfield, Craig Bond. "How Long Can Oil Supply Grow?" Golden, Colorado: M. King Hubbert Center for Petroleum Supply Studies, Colorado School of Mines, 1997.

- Hatfield, Craig Bond. "Oil Back on the Global Agenda." *Nature* 387 (May 1997): 121.

- Hubbert, M. King. "Nuclear Energy and the Fossil Fuels." Houston, Texas: Shell Development Corporation, 1956.

- Hubbert, M. King. "Survey of World Energy Resources." *The Canadian Mining and Metallurgical Bulletin* 66, no. 735 (1973): 37–54.

- Hubbert, M. King. "Energy Resources: A Report to the Committee on Natural Resources of the National Academy of Sciences—National Research Council." Washington, DC: National Research Council/National Academy of Sciences, 1962.

- Hubbert, M. King. "Energy Resources." In *Resources and Man*, edited by Cloud. San Francisco: W. H. Freeman and Company, 1969.

- Jorgenson, Dale W. "The Role of Energy in the U.S. Economy." *National Tax Journal* 31 (1978): 209–220.

- Jorgenson, Dale W. and Barbara M. Fraumeni. "The Role of Energy in Productivity Growth." *The Energy Journal* 5, no. 3 (1984): 11–26.

- Kendall, Henry. "World Scientists' Warning to Humanity." *Union of Concerned Scientists*, 18 November 1992.

- Kuemmel, Reiner. "The Impact of Energy on Industrial Growth." *Energy* 7, no. 2 (1982): 189–201.

- Kuemmel, Reiner. "Energy As a Factor of Production and Entropy As a Pollution Indicator in Macroeconomic Modeling." *Ecological Economics* 1 (1989):161–180.

- Kuemmel, Reiner, and Dietmar Lindenberger. "Energy, Technical Progress, and Industrial Growth." Paper read at Advances in Energy Studies: Energy Flows in Ecology and Economy, Porto Venere, Italy, May 1998.

- Olson, Mancur. "The Productivity Slowdown, the Oil Shocks, and the Real Cycle." *Journal of Economic Perspectives* 2, no. 4 (1988): 43–69.

- Potter, Neal, and Francis T. Christy, Jr. *Trends in Natural Resource Commodities*. Baltimore: Johns Hopkins University Press, 1968.

- Roubini, Nouriel, and Brad Setzer. *The Effects of the Recent Oil Price Shock on the U.S. and Global Economy*. New York University, 2004. Available from www.stern.nyu.edu/globalmacro/OilShockRoubiniSetzer.pdf.

- Schurr, Sam H., and Bruce C. Netschert. *Energy in the American Economy, 1850–1975*. Baltimore: Johns Hopkins University Press, 1960.

- Soddy, Frederick. "Wealth, Virtual Wealth, and Debt." In *Masterworks of Economics: Digests of 10 Classics*. New York: Dutton, 1933.

- Soddy, Frederick. *The Role of Money*. New York: Harcourt, 1935.

- Solow, Robert M. "A Contribution to the Theory of Economic Growth." *Quarterly Journal of Economics* 70 (1956): 65–94.

- Solow, Robert M. "Technical Change and the Aggregate Production Function." *Review of Economics and Statistics* 39 (August 1957): 312–320.

- Sovacool, Benjamin K., and Marilyn A. Brown, eds. *Energy and American Society: Thirteen Myths*. New York: Springer, 2008.

- Strahan, David. *The Last Oil Shock*. London: John Murray Ltd., 2007.

- United States Bureau of the Census. *Historical Statistics of the United States, Colonial Times to 1970*. Bicentennial ed. 2 vols. Washington, DC: United States Government Printing Office, 1975.

- United States Department of Energy, Energy Information Administration. *EIA Annual Energy Review*. Washington DC: United States Government Printing Office.

- Zivot, E., and Donald. W. K. Andrews. "Further Evidence on the Great Crash, the Oil Shock, and the Unit Root Hypothesis." *Journal of Business and Economic Statistics* 10, no. 3 (1992): 251–270.

第 2 章　重获丢失的能源

Cokenergy 和米塔尔钢铁公司：参见 Casten and Ayres，2007。

柯达工厂：参见 Casten and Ayres，2007。

热电联产（CHP）：这一战略几十年来已经得到了有限的利用（Newman，1997；U. S. DOE，1999）。但是 CHP 对能源经济的巨大潜力直到 2006 年 2 月以前都没有得到广泛认识，当时国际能源署（IEA）在巴黎举办了第一次国际会议，发起了一个研究项目，但是除了感兴趣的公司能够提供的之外没有研究预算。不过，2007 年 7 月，项目被整合进 IEA 的气候变化和清洁能源 G8 工作项目。2008 年出版了一系列研究工作报告（International Energy Agency，2008；Tnanka，2008）。也可参见 Casten and Schewe，2009。

参考文献

- Casten, Thomas R., and Robert U. Ayres. "Energy Myth #8: The U.S. Energy System Is Environmentally and Economically Optimal." In *Energy and American Society: Thirteen Myths*, edited by B. Sovacool and M. Brown. New York: Springer, 2007.
- Casten, Thomas R., and Philip F. Schewe. "Getting the Most from Energy." *American Scientist* 97 (January/February, 2009): 26–33.
- Dorn, Jonathan G. *Solar Cell Production Jumps 50 percent in 2007*. Earth Policy Institute, 27 December 2007. Cited 14 January 2009. Available from www.earth-policy.org/Indicators/Solar/2007.htm.
- International Energy Agency. "Combined Heat and Power: Evaluating the Benefits of Greater Global Investment," edited by T. Kerr. Paris: International Energy Agency (IEA), 2008.

- Newman, John. "Combined Heat and Power Production in IEA Member Countries." In *Cogeneration: Policies, Potential, and Technologies*, edited by P. K. Dadhich. New Delhi, India: Tata Energy Research Institute (TERI), 1997.
- Tanaka, Nobuo. "Today's Energy Challenges: The Role of CHP." Paris: International Energy Agency (IEA), 2008.
- U.S. DOE. "Review of Combined Heat and Power Technologies." ONSITE SYCOM Energy Corporation for the California Energy Commission with the U.S. Department of Energy, Office of Energy Efficiency and Renewable Energy, 1999.
- Worldwatch Institute. "U.S. Solar PV Production." In *Vital Signs 2007–2008*, edited by Worldwatch Institute. San Francisco: W. W. Norton & Co, 2008.

第 3 章　设计经济桥梁

气候变化的最新预测：参见 Clark and Weaver，2008。

前 1% 和后 90% 的收入：参见 Huang and Gum，1991。作者分析了从 1913 年至 2006 年的 IRS 数据，发现 2006 年的收入集中程度是 1928 年以来最高的。

外部性和 GDP：外部性通常是一个描述"第三方"，即没有直接牵扯进经济交易的旁观者的损失（或收益）的经济学术语。建立在商品和服务按照一定价格交易基础上的经济学模型很难处理外部性，因为没有市场机制来决定价格或损害。参见 Ayres and Kneese，1969。也可参见第 1 章关于"福利与增长的衡量指标"的脚注。

能源过渡桥梁的八道主梁：

（1）废弃能量流循环利用和（2）热电联产：参见第 2 章脚注；Casten and Ayres，2007；以及 2009 年 1 月与循环能源发展公司汤姆·卡斯滕的个人通信。

（3）提高工业过程和建筑物的能源效率和（4）提高最终消费的能源效率：大量案例参见 Lovins, et al. , 1981；Lovins，1986，

1996；and von Weizaecker，Lovins，and Lovins，1998。也可参见第 4 章和第 8 章脚注。

（5）分布式发电：参见第 6 章脚注。

（6）能源服务替代和（7）为应对气候变化重新设计城市和建筑物：参见第 7 章和第 8 章脚注。

（8）改革水务管理战略：参见第 9 章脚注和 Wilkinson，2008。

参考文献

- Ayres, Robert U., and Allen V. Kneese. "Production, Consumption, and Externalities." *American Economic Review* 59 (June 1969): 282–297.
- Clark, P. U., and A. J. Weaver, et. al. "Abrupt Climate Change." In *Report by the U.S. Climate Change Science Program and the Subcommittee on Global Change Research*. Reston, Virginia: United States Geological Survey, 2008.
- Huang, Dennis B. K., and Burel Gum. "The Causal Relationship Between Energy and GNP: The Case of Taiwan." *Journal of Energy & Development* 16, no. 2 (1991): 219–226.
- Lovins, Amory B. *State of the Art in Water Heating*. Snowmass, Colorado: Rocky Mountain Institute, 1986.
- Lovins, Amory B. "Negawatts: Twelve Transitions, Eight Improvements, and One Distraction." *Energy Policy* 24, no. 4 (1996): 331–343.
- Lovins, Amory B., L. Hunter Lovins, Florentin Krause, and Wilfred Bach. *Least-Cost Energy: Solving the CO_2 Problem*. Andover, MA: Brickhouse Publication Co., 1981.
- U.S. House of Representatives. Committee on Science and Technology, Subcommittee on Energy and the Environment. *Testimony of Robert Wilkinson, Ph.D.* 14 May 2008.
- von Weizsaecker, Ernst Ulrich, Amory B. Lovins, and L. Hunter Lovins. *Factor Four: Doubling Wealth, Halving Resource Use*. London: Earthscan Publications Ltd., 1998.

第 4 章　看不见的能源革命

"看不见的能源"增长：参见 Ehrhardt and Laitner，2008。

布里奇斯报告及其继承者：参见 Bridges，1973。20 世纪 70 年代初，从效率角度衡量，热水器和燃烧化石燃料的空间供暖系统的有用功（"第二定律"）通常只有不到 10%；由于发电厂的损耗，电力供暖的效率更低。从有用功的角度，同样的问题适用于布里奇斯的所有计算。使用 APS 研究的数据（Carnahan，et al.，1975），以及来自标准人口普查的能源使用数据，1973 年美国真正的可用能效率远远低于布里奇斯的数字，特别是如果考虑到最终使用中电力设备的可用能损失（Ayres，Narkus-Kramer，and Watson，1976）。后来这些计算经过了加工和更新（Ayres，1989；Nakicenovic，Gilli，and Kurz，1996）。将这些计算应用于整个经济，得出 1973 年美国经济的可用能效率约为 10%。今天，用同样的方法，美国经济的效率约为 13%（Ayres，Ayres，and Warr，2003）。这些修订对于未来有着深远的影响：它们表明，即使汽油发动机和蒸汽涡轮机达到它们的极限，美国经济整体的可用能效率仍然存在很大的改进空间。

（可用能）效率的计算：一个过程的可用能效率是有用功输出与可用能输入的比率。有时候称为"第二定律效率"，区别于"第一定律效率"，后者是一个误导性的指标。一个例子是燃烧过程中传输到热交换机（如暖气片）中的热量与通过烟囱释放到环境中的热量。1975 年夏，美国物理学会资助的一项研究对许多常见的转换操作——从内燃机到冰箱和空调——的第二定律效率进行了运算、比较和呈现（Carnahan，et al.，1975）。

SP 新闻纸公司：Jan Schaeffer and Scott Conant，"SP Newsprint Reaps Multiple Benefits from Energy Upgrade"（press release），SP Newsprint Company and Energy Trust of Oregon，Inc.；7 June 2006.

辛辛那提大学的能源节约：Facility Management Department，University of Cincinnati，"Catalyzing the Natural Linkage of Energy，Economics，and Environment"（press release），Office of Ener-gy Efficiency，Community Development Division，Ohio Dept. of De-velopment；2008.

辛普劳公司的马铃薯加工厂的节约：参见 Hawk，2006。

每秒钟万亿次计算：英特尔公司（新闻稿）和 Scott Jagow，"Marketplace" （采访），American Public Media，12 February 2007。当时的 BBC 新闻称，英特尔宣布首次实现了每秒钟万亿次运算；11 年前，在桑迪亚国家实验室，"这样一台机器占地面积超过 2 000 平方英尺，需要近 10 000 个奔腾加处理器和超过 500 千瓦电力"。

纽约州能源研究和开发署：参见 Ferranti，et al.，2000。

污染防治和能源效率：Chloe Birnel，"What's New in P2"（Pa-cific Northwest Pollution Prevention Resource Center，1999，2000，2009）. www. pprc. org/news.

陶氏化学公司的能源效率竞赛：参见 Nelson，1993。这个故事的后续很重要：2008 年 11 月，在巴拉克·奥巴马（他清楚地表明不同意布什—切尼政府对效率的漠视）当选总统一周后，陶氏化学公司发表声明，宣布了一项"美国能源计划"，包括四项主要行动，第一项就是"鼓励积极的效率和节约"。

毕马威公司对 700 次公司兼并的研究：参见 Collins，2001。也可参见 James Surowecki 对毕马威研究的讨论， "The Financial Page"，*The New Yorker*，9 June 2008 and 16 June 2008。

参考文献

- Ayres, Robert U. "Energy Inefficiency in the U.S. Economy: A New Case for Conservatism." Laxenburg, Austria: Interna-tional Institute for Applied Systems Analysis, 1989.
- Ayres, Robert U., Leslie W. Ayres, and Benjamin Warr. "Exergy, Power, and Work in the U.S. Economy, 1900–1998." *Energy* 28, no. 3 (2003): 219–273.

- Ayres, Robert U., Mark Narkus-Kramer, and Andrea L. Watson. "An Analysis of Resource Recovery and Waste Reduction Using SEAS." Washington, DC: International Research and Technology Corporation, 1976.

- Bridges, Jack. *Understanding the National Energy Dilemma (1973)*. Washington, DC: United States Congress Joint Committee on Atomic Energy, 1973.

- Carnahan, Walter, Kenneth W. Ford, Andrea Prosperetti, Gene I. Rochlin, Arthur H. Rosenfeld, Marc H. Ross, Joseph E. Rothberg, George M. Seidel, and Robert H. Socolow. "Efficient Use of Energy: A Physics Perspective." New York: American Physical Society, 1975.

- Collins, Jim. "The Misguided Use of Acquisitions." In *Good to Great: Why Some Companies Make the Leap...and Others Don't*. New York: HarperCollins Business, 2001.

- Ehrhardt, Karen, and John A. Laitner. "The Size of the U.S. Energy Efficiency Market: Generating a More Complete Picture." Washington, DC: American Council for an Energy-Efficient Economy, 2008.

- Ferranti, Adele, Miriam Pye, Gary Davidson, and Dana Levy. "Encouraging P2 and E2 in New York." *Clearwaters* 30 (Spring 2000).

- Hawk, David. "Optimizing Savings Through a Steam Systems Approach." Massachusetts Energy Efficiency Partnership, 2006.

- Nakicenovic, Nebojsa, Paul V. Gilli, and Rainer Kurz. "Regional and Global Exergy and Energy Efficiencies." *Energy—The International Journal* 21 (1996): 223–237.

- Nelson, Kenneth E. "Dow's Energy/WRAP Contest: A 12-Year Energy and Waste Reduction Success Story." Houston, Texas: Industrial Energy Technology Conference, 1993.

第 5 章 电力的未来

PURPA：Public Utility Regulatory Policies Act，U. S. Code Sections 2601～2645. 法案在第 12 章第 16 款提到了热电联产和小型发电。Energy Policy Act of 2005，Sections 1251～1254 对 PURPA

进行了补充。

可再生能源的"避免成本"价格：参见 Kubiszewski，2006。

输配电垄断和相当于 7 000 亿美元节约：参见 Ayres，Turton，and Casten，2007。

发电厂和空气污染：参见 American Lung Association，2009。

博南扎和克里夫塞德发电厂的排放裁决：参见 www. source-watch. org，2008。

杜克能源公司的克里夫塞德工厂：杜克公司在自己的网站（www. duke-energy. com）上称："杜克能源公司的燃煤发电厂已经在减排方面取得了重大改进。"没有提到二氧化碳这一最主要的温室气体，公司申请的扩建会显著增加二氧化碳的排放。

爱迪生公司的"巡视"指示牌：这块指示牌位于距离圣安德烈亚斯断层两英里远的地方，电线与消防通道的交汇处，在加州莱昂纳谷南部的天使国家森林公园中。

新建中心发电厂的资本成本与分布式发电：参见 Casten and Collins，2006。

路易斯安那州卡博特公司的循环利用计划遭拒绝：参见 Ayres，Turton，and Casten，2007。

詹姆斯·汉森写给杜克能源公司 CEO 吉姆·罗杰斯的信：Excerpted in "Cliffside，Coal，and Global Warming," www. nc. sierraclub. org.

参考文献

- Ayres, Robert U., Hal Turton, and Tom Casten. "Energy Efficiency, Sustainability, and Economic Growth." *Energy* 32 (2007): 634–648.
- Casten, Thomas R., and Marty Collins. "WADE DE Economic Model." In *World Survey of Decentralized Electricity*. Edinburgh, Scotland: The World Alliance for Decentralized Energy, 2006.

- Kubiszewski, Ida, et al. "Public Utility Regulatory Policies Act of 1978, United States (PURPA)." In *Encyclopedia of Earth*, edited by C. J. Cleveland. Washington, DC: Environmental Information Coalition, National Council for Science and the Environment, 2006.

第 6 章　液体燃料：残酷的现实

乙醇研究：参见例如 Williams，et at.，1994；Hammerschlag，2006；Natural Resources Defense Council［NRDC］，2006；Jones，2007。

种植玉米生产乙醇与玉米地退耕还林：参见 Righelato and Spracklen，2007。

纤维素乙醇和甲醇：美国自然资源保护委员会认为，到 2012 年，预计从玉米中生产的乙醇至多能够达到每年 150 亿加仑（约为预计汽油需求的 6%），从木本植物（和城市垃圾）中生产乙醇理论上的潜力至少有十倍之多，即每年 1 500 亿加仑。进一步的讨论参见 www. informit. com/register。

航空燃料消耗：参见 Murty，2000。

基于藻类的航空燃料：参见 Gross，2008 和 United States Energy Information Agency，1998。

梦幻客机的燃料使用：参见 Boeing Commercial Airplanes，2008 和 www. boeing. com/commercial/787family/background/html。

参考文献

- Gross, Michael. "Algal Biofuel Hopes." *Current Biology* 18, no. 2 (2008).
- Hammerschlag, Roel. "Ethanol's Energy Return on Investment: A Survey of the Literature 1990." *Environmental Science & Technology* 40, no. 6 (2006): 1744–1750.
- Jones, Les. *Energy Return on Investment (EROI) 2007*. Cited 17 November 2007. Available from www.lesjones.com/posts/003223.shtml.

- Murty, Katta G. "Greenhouse Gas Pollution in the Stratosphere Due to Increasing Airplane Traffic, Effects on the Environment." Ann Arbor, Michigan: Department of Industrial and Operations Engineering, University of Michigan, 2000.

- Natural Resources Defense Council (NRDC). "Ethanol: Energy Well Spent: A Survey of Studies Published Since 1990." Natural Resources Defense Council, 2006.

- Righelato, Renton, and Dominick Spracklen. "Carbon Mitigation by Biofuels or by Saving and Restoring Forests?" *Science* 317 (2007): 902.

- United States Energy Information Agency. *Manufacturers Energy Consumption Survey 1998* [PDF or Lotus 123]. United States Energy Information Agency 1998. Cited 2002. Available from www.eia.doe.gov/emeu/mecs.

- Williams, Robert H., Eric D. Larson, Ryan E. Katofsky, and Jeff Chen. "Methanol and Hydrogen from Biomass for Transportation." Paper read at Biomass Resources: A Means to Sustainable Development, in Bangalore, India, 3–7 October 1994.

第 7 章　汽车：曲终人散

汽车统治的城市：伴随着 Ralph Nader 出版 *Unsafe at Any Speed* 一书，以及以 1970 年第一个世界地球日为标志的环境运动的兴起，美国人对汽车的喜爱在 20 世纪六七十年代开始遭到严肃的质询。参见 Ayres，1970。

美国的汽车事故和死亡人数：参见 U. S. Department of Transportation Fatality Analysis Reporting System，2007。

自行车的能源效率：约翰·霍普金斯大学的工程师最近衡量了不同条件下自行车链条移动中摩擦力产生的热量。链的能源效率在 81%到 98.6%之间 (Johns Hopkins University，1999)。

电动汽车：全电动汽车的未来依赖于两方面的发展。一是由强化纤维复合材料和铝合金制造的更轻的车身。这种车身能够使汽车的重量——及相应的对发电厂的需求——减少一半以上 (Lovins，1996)。

全电动汽车大规模生产的另一个大问题是高容量电池的大规模生产，几乎可以肯定，电动汽车将使用现在笔记本电脑和其他电子设备普遍使用的锂电池。不过，这带来了挥之不去的安全隐患，因为锂金属是极易燃的，电路故障已经造成过一些火灾。而且，现在锂的产量很低，现有产品的原料主要来自玻利维亚、阿根廷和智利一些干燥的盐床。不过，长期来看，有可能以不超过现在价格的成本从海水中获得锂（Yaksic Beckdorf，and Tilton，2008）。但是，至少在未来 20 年中，全电动汽车的市场份额不会太大。混合动力是近期更加现实的选择。参见 www. informit. com/register。

中国的电动自行车和电池：参见 Weinert，Burke，and Wei，2007。

汽车共享：参见 Bryner，2008；Cervero，2003。也可参见 The Car Sharing Network，www. carsharing. net 和 www. zipcar. com。

参考文献

- Ayres, Edward H. *What's Good for GM*. Nashville: Aurora, 1970.

- Bryner, Jeanna. "Car Sharing Skyrockets As Gas Prices Soar." *US News and World Report*, 11 July 2008.

- Cervero, Robert. "Car Sharing Spurring Travel Changes." Berkeley, California: U.C. Berkeley Institute of Urban and Regional Development, 2003.

- Johns Hopkins University. "Wheel Power Probe Shows Bicycles Waste Little Energy." *Johns Hopkins Gazette*, 30 August 1999.

- Lovins, Amory B. "Hypercars: The Next Industrial Revolution." Paper read at 13th International Electric Vehicle Symposium (EVS 13), in Osaka, Japan, 14 October 1996.

- Weinert, Jonathan, Andrew Burke, and Xuezhe Wei. "Lead-Acid and Lithium-Ion Batteries for the Chinese Electric Bike Market and Implications on Future Technology Advancement." *Journal of Power Sources* 172, no. 2 (2007): 938–945.

- Yaksic Beckdorf, Andres, and John E. Tilton. "Using the Cumulative Availability Curve to Assess the Threat of Mineral Depletion: The Case of Lithium." MS, Pontificio Universidad Catolica de Chile, Santiago, Chile, 2008.

第 8 章 让城市为完美风暴做好准备

海平面上升对加州的影响：参见 California Environmental Protection Agency。

大福克斯市洪水：参见 Ayres，1999。

欧洲被动式节能屋：参见 European Commission，"Promotion of European Passive Houses（PEP）Report"，2008。PEP 项目由 European Commission，Energy and Transport 资助，合同编号 EIE/04/030/SO. 39990。也可参见 Reisinger，et al.，2002；Elswijk and Kaan，2008。

每乘客-英里的排放：汽车、轻轨和快速公交：参见 Vincent and Jeram，2006；Vincent and Walsh，2003。

我们能从巴西学到什么：参见 Goodman，Laube，and Schwenk，2005/2006。

六个大陆的快速公交：与地铁相比，BRT 的建设成本低得多——只有地铁的二十分之一。更多信息参见 www. informit. com/register 和 EMBARQ，World Resources Institute（WRI）（电子邮箱 EMBARQ@WRI. org）。也可参见 Herro，2006。

海平面上升的最糟糕情况：NASA 的首席气候科学家詹姆斯·汉森在 2007 年写道："我发现'常规的'气候变化在一个世纪之内不会引起海平面以米计的上升几乎是难以置信的……在我看来，科学家们为了获得研究经费低估了气候变化的危险。从我个人的经验出发，我敢担保是这样。我在 1981 年发表了一篇论文，描述了化石燃料使用的可能影响之后，美国能源部撤销了一项资助我的团队研究的决定，特别对那篇论文提出了批评。"汉森不是唯一做出这种展望的人；布里斯托大学的冰川学教授和英国极地观测与模拟中心的主任托尼·佩恩告诉 2005 年南极皇家学会会议的一位气候专家："西南极洲的冰川融化将导致全世界海平面上升五到六米，足以导致佛罗里达州大部分地区洪水泛滥。"这一评论发表在 Environmental

News Service，18 October 2005。

气候科学的共识更新：参见 Intergovernmental Panel on Climate Change，2007。

荒漠化：参见 United Nations Convention to Combat Desertification 网站上的报告，www. unccd. int/convention/menu. php。

美国市长会议协议：Office of the Mayor，Seattle，WA；2008. See www. seattle. gov. /Mayor/Climate.

消失的密西西比三角洲：参见 Louisiana Coastal Wetland Conservation and Restoration Task Force，2008。

纽约市的风险提升：Cynthia Rosenzweig and Vivien Gomitz，NASA Goddard Institute for Space Studies，Columbia University，and New York City Department of Environmental Protection（McGeehin，2008）.

瓦尔梅耶的搬迁：Operation Fresh Start：Using Sustainable Technologies to Recover from Disaster，a project of the National Center for Appropriate Technology，2006. See www. freshstart. ncat. org/case/valmeyer. htm.

参考文献

- Ayres, Edward H. *God's Last Offer: Negotiating for a Sustainable Future*. New York: Four Wall Eight Windows/Basic Books, 1999.

- Elswijk, Marcel, and Henk Kaan. *European Embedding of Passive Houses*. PEP project, 2008. Cited 15 January 2009. Available from www.aee-intec.at/0uploads/dateien578.pdf.

- Goodman, Joseph, Melissa Laube, and Judith Schwenk. "Curitiba's Bus System Is Model for Rapid Transit." *Race, Poverty, and the Environment* (2005/2006): 75–76.

- Herro, Alana. "Bus Rapid Transit Systems Reduce Greenhouse Gas Emissions, Gain in Popularity." In *Eye on Earth*. Washington, DC: WorldWatch Institute, 2006.

- Intergovernmental Panel on Climate Change (IPCC). *Report of the Working Group III of the IPCC*. Cambridge, U.K.: Cambridge University Press, 2007.
- Louisiana Coastal Wetlands Conservation and Restoration Task Force. "Standing Ground Against Advancing Waters Acre by Acre, CWPPRA Projects Beat Back Coastal Demise." *Water Marks* (2008).
- McGeehin, John P., et al. "Abrupt Climate Change." Washington, DC: U.S. Climate Change Program, U.S. Geological Survey, National Oceanic and Atmospheric Administration, National Science Foundation; 2008.
- Reisinger, Dulle, Henao, and Pitterman. *VLEEM—Very Long Term Energy Environment Modelling*. Vienna, Austria: Verbundplan, 2002.
- Vincent, Bill, and Brian Walsh. "The Electric Rail Dilemma: Clean Transportation from Dirty Electricity?" Washington, DC: Breakthrough Technologies Institute, 2003.
- Vincent, William, and Lisa Callaghan Jeram. "The Potential for Bus Rapid Transit to Reduce Transportation-Related CO_2 Emissions." *Journal of Public Transportation* (BRT Special Edition) (2006): 219–237.

第 9 章　水与能源的联系

水位下降：参见 Brown，2006；Wilkinson，2008。

乙醇、能源和水：参见 National Research Council National Academy of Sciences，2007。报告警告说："如果用玉米生产乙醇的计划变成现实，对水质的危害将非常严重，区域和地方层面的水供给问题将出现……生物燃料增加的化肥和农药使用将影响地下水、河流和沿海、沿河的水质。"

美国的灌溉用水：参见 Maupin and Barber，2005；Abt，1997。

美国的发电厂冷却用水：参见 Veil，2007。

荒漠化：国家报告可以查询 United Nations Convention to Combat Desertification（UNCCD）网站：www. unccd. int/convention/

menu. php。

　　加州的抽水能源成本：参见 Trask，et al.，2005；Davis，2005。

　　中国的南水北调：参见 SPG Media，2009。

参考文献

- Abt, Clark C. "China's Sustainable Growth Maximized by Avoiding Agricultural and Energy Shortages with Renewable Energy Resources for Farming, Irrigation, Transport, and Communications." Paper read at International Conference on China's Economy with Moderately Rapid and Stable Growth, in Guanxi Province, China, 2–4 September 1997.

- Brown, Lester R. "Water Tables Falling and Rivers Running Dry." In *Plan B 2.0: Rescuing a Planet under Stress and a Civilization in Trouble*, edited by L. R. Brown. New York: W. W. Norton and Co., 2006.

- California Environmental Protection Agency. DRAFT 2009 Climate Action Team Biennial Report to the Governor and Legislature, 1 April 2009.

- Davis, Martha. "Water-Energy Nexus." Sacramento, California: Inland Empire Utilities Agency (IEUA), 2005.

- Maupin, Molly A., and Nancy L. Barber. "Estimated Withdrawals from Principal Aquifers in the U.S. in 2000." Washington, DC: United States Geological Survey (USGS), 2005.

- National Research Council National Academy of Sciences. "Water Implications of Biofuels Production in the United States." Washington, DC: National Academy Press, 2007.

- SPG Media Ltd. *South-to-North Water Diversion Project*. Cited April 2009. Available from www.water-technology.net/projects/south_north/.

- Trask, Matt, Ricardo Amon, Shahid Chaudry, Thomas S. Crooks, Marilyn Davin, Joe O'Hagen, Pramod Kulkarni, Kae Lewis, Laurie Park, Paul Roggensack, Monica Rudman, Lorraine White, and Zhiqin Zhang. "California's Water–Energy Relationship." California Energy Commission, 2005.

- Veil, John A. "Use of Reclaimed Water for Power Plant Cooling." Chicago: Argonne National Laboratory (ANL), 2007.

- U.S. House of Representatives. Committee on Science and Technology, Subcommittee on Energy and the Environment. *Testimony of Robert Wilkinson, Ph.D.* 14 May 2008.

第 11 章　对企业管理的启示

900 兆瓦一次能源：参见 Downes，2009。

汤姆·卡斯滕和循环能源发展公司："Who Is Recycled Energy Development"，RED 网站：www. recycled-energy. com/。

比尔·盖茨和能源循环利用的私人投资：参见 Peter Robison，"Gates，Harvard Join a Record Energy-Recycling Fund"，www. bollmberg. com/apps/news? pid＝newsarchive&sid＝aZoPAVvD _ LNo。

现代经济的不稳定性：2004 年，全球环保组织 WWF 报告称，人类现在消耗的自然资源比地球能够生产的超出 20％。这份报告以生态足迹指标为基础，发现能源消耗是过去 40 年里增长最迅速的指标，涨幅超过 700％。四年后的 2008 年，Global Footprint Network 报告称这种"超越"还在加速，"人类现在需要 1.4 个地球的资源"。一些科学家怀疑生态足迹理论，认为人类能够（而且确实这样做了）提高环境的容量以满足他们的需求，例如通过开发可再生能源。但是即便真的如此，也不能消除在架设能源过渡桥梁这段时间内的差距。也可参见 Wackernagel and Rees，1997；Boulding，1966；Dietz，Rosa，and York，2007。

参考文献

- Boulding, Kenneth E. "The Economics of the Coming Spaceship Earth." In *Environmental Quality in a Growing Economy: Essays from the Sixth RFF Forum*, edited by H. Jarrett. Baltimore: Johns Hopkins University Press, 1966.
- Dietz, Thomas, Eugene A. Rosa, and Richard York. "Driving the Human Ecological Footprint." *Ecological Economics* 20, no. 1 (2007): 3–24.

- Downes, Brennan. "Potential of Energy Recycling and CHP in the U.S. Steel Industry." *Cogeneraton & On-Site Power* 10, no. 1 (2009).
- Rondinelli, Dennis A., and Ted London. "Partnering for Sustainability: Managing Nonprofit Organization–Corporate Environmental Alliances. Aspen Institute, 2001.
- Wackernagel, Mathis, and William E. Rees. "Perceptual and Structural Barriers to Investing in Natural Capital: Economics from an Ecological Footprint Perspective." *Ecological Economics* 20, no. 1 (1997): 3–24.

第 12 章　有多少？有多快？

石油工业和汽油价格补贴： 参见 Harrje，Bricker，and Kallio，1998；United States Energy Information Administration，2007。

能源过渡桥梁的潜力总和： 参见第 3 章脚注。

参考文献

- Harrje, Evan, Amy Bricker, and Karmen Kallio. "The Real Price of Gasoline," edited by M. Briscoe. Washington, DC: International Center for Technology Assessment, 1998.
- United States Energy Information Administration. "Federal Financial Interventions and Subsidies in Energy Markets, 2007." Washington, DC: United States Energy Information Agency (EIA), 2007.

图书在版编目（CIP）数据

跨越能源鸿沟：后石油时代如何应对能源危机/（美）艾尔斯，（美）艾尔斯著；唐奇译 . —北京：中国人民大学出版社，2015.3
　　ISBN 978-7-300-20447-5

Ⅰ . ①跨… Ⅱ . ①艾… ②唐… Ⅲ . ①能源危机-研究 Ⅳ . ①F407.2

中国版本图书馆 CIP 数据核字（2014）第 297674 号

跨越能源鸿沟
后石油时代如何应对能源危机
[美] 罗伯特·U·艾尔斯　　　　著
[美] 爱德华·H·艾尔斯
唐　奇　译
Kuayue Nengyuan Honggou

出版发行	中国人民大学出版社	
社　　址	北京中关村大街 31 号	**邮政编码**　100080
电　　话	010 - 62511242（总编室）	010 - 62511770（质管部）
	010 - 82501766（邮购部）	010 - 62514148（门市部）
	010 - 62515195（发行公司）	010 - 62515275（盗版举报）
网　　址	http://www.crup.com.cn	
	http://www.ttrnet.com（人大教研网）	
经　　销	新华书店	
印　　刷	北京中印联印务有限公司	
规　　格	165 mm×240 mm　16 开本	**版　　次**　2015 年 3 月第 1 版
印　　张	13.75	**印　　次**　2015 年 3 月第 1 次印刷
字　　数	169 000	**定　　价**　39.00 元